U0826655

business | 企业管理

bus

中国4A理事会统筹策划

广告的超越

中国4A十年蓝皮书

丁俊杰 | 上卷　陈刚 | 下卷　著

中信出版集团 · CHINACITICPRESS · 北京

图书在版编目（CIP）数据

广告的超越：中国 4A 十年蓝皮书 / 丁俊杰，陈刚著．
—北京：中信出版社，2016.1（2016.4重印）
ISBN 978-7-5086-5797-4

Ⅰ．①广… Ⅱ．①丁… ②陈… Ⅲ．①广告业－研究
－中国 Ⅳ．①F713.8

中国版本图书馆 CIP 数据核字（2015）第 315269 号

广告的超越：中国 4A 十年蓝皮书

著　　者：丁俊杰（上卷） 陈　刚（下卷）
策划推广：中信出版社（China CITIC Press）
出版发行：中信出版集团股份有限公司
（北京市朝阳区惠新东街甲 4 号富盛大厦 2 座　邮编　100029）
（CITIC Publishing Group）
承 印 者：中国电影出版社印刷厂

开　　本：787mm×1092mm　1/16　　印　　张：17.75　　字　　数：168 千字
版　　次：2016 年 1 月第 1 版　　印　　次：2016 年 4 月第 2 次印刷
广告经营许可证：京朝工商广字第 8087 号
书　　号：ISBN 978-7-5086-5797-4/F · 3566
定　　价：48.00 元

总 策 划：宋秩铭　李西沙
总 统 筹：朱漫芳
总 撰 稿：丁俊杰（上卷）　陈刚（下卷）
撰　　稿：中国传媒大学丁俊杰及中传项目组
项目组成员：王昕　李冬梅　王云　邓琪凡　唐莹
北京大学陈刚及北大项目组
项目组成员：吴清华　董靖　王淼　韩霜　冯少杰
石晨旭　李诗　李奥娜　龚恋雯
编　　委：中国商务广告协会综合代理专业委员会
刘保孚　宋秩铭　李西沙　胡纪平

目 录

下卷

序言一

祝中国 4A 成立十周年及蓝皮书问世

十年前的今天，中国 4A（中国商务广告协会综合代理专业委员会）成立了！

中国 4A 成立的十年，是不平凡的十年，是在我国综合国力增强，人民生活明显改善，广告业发展逐渐成熟的环境下诞生的。十年来，中国 4A 遵循着自我发展、自我约束、自我管理的宗旨，全方位地贯彻“一流的服务、一流的创新、一流的诚信、一流的实力”的原则，为全体会员服务，为中国广告业的发展做自己的贡献！

中国广告业历史悠久，但发展缓慢。改革开放为中国广告业带来了生机。广告是随着国民经济的发展而发展的。目前，我国的广告从业人员已经接近 200 万人，广告营业额已经超5 000亿元，广告的创意、设计、制作水平全面提高，发布手段已经达到或接近国际水准，经营管理也有了很大的改善。总之，与十年前相比，中国的广告业形势一派大好！

广告属于知识密集、技术密集、人才密集的高新产业，在国民经济发展中，处于重要的位置。但是中国广告公司的综合水平，尤其是经营管理水平，与国际广告业的五大集团（WPP、阳狮、宏盟、电通、IPG）相比，还有很大的差距。为了缩短差距，本土广告公司中的几位有志者，与国际广告集团的有关人员共同发起成立有本土广告集团（公司）和国际广告集团共同参与的中国4A。十年来，中国4A的成员由成立时的28家，已经发展到70多家。彼此之间一起活动，一起交流，一起参加各种研讨，大家团结一致，是一个互助互爱的大家庭。

中国4A是完全自律的广告行业组织。它的理事会成员由全体会员民主选举产生；正、副理事长由理事会推选，任职时间为两年，为了取长补短，理事长由本土、合资公司轮流出任。这种体制形式完全符合中央关于行业协会改革的思路。

回顾过去，硕果累累，展望未来，任重道远。今后十年，是中华民族向着伟大复兴征程的关键时期，“十三五”规划大框架已经若隐若现，到2020年全面建成小康的目标将如期实现，人民生活将会有很大的提高，这些都为中国4A发展提供了机遇。与此同时，也将面临严重的挑战，首要的就是受网络化等新媒体的冲击，因此，4A成员必须认清形势、调整经营思路和理念，才能适应形势发展的需要。

此外，随着行业协会不断深化改革，4A 的工作思路、工作方法也应适应发展形势，做出必要的调整，才能把握机遇，迎接挑战！

未来十年中国广告业的前景灿烂光明！

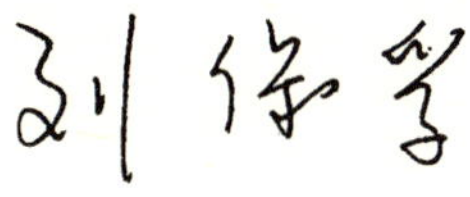

刘保孚

中国 4A 终身顾问

原国家工商总局广告司司长

2015 年 10 月 12 日

序言二

期望中国 4A 开启新时代

这本蓝皮书的成形，确属不易。尤其我们的行业正处于动荡的阶段，可能还要过一段时间才能尘埃落定，或根本就是持续动荡，才是常态。

非常感谢中国传媒大学的丁教授和北京大学的陈教授，带领他们各自的团队，接受这本蓝皮书的挑战。

同时，也要感谢所有参与蓝皮书访谈的 4A 成员公司及个人。大家都坦诚面对行业的困境，互相分享观点，尝试一起来面对并解决行业的困境。

当初我们与丁教授及陈教授谈及蓝皮书时，他们共同的问题时：“是否可提及负面现象？”记得当时的回答是：“当然应该！”

我相信我们的行业正在进入必须面对行业本质（属性）及价值挑战的时期。这本蓝皮书是一次全面反省的过程，并期望中国 4A 从此开启新时代。

虽然，没有清楚简单的解决方案，但的确呈现了许多机会，提供给那些仍然相信我们这个行业的从业人员一些思考。

宋秩铭

中国 4A 终身顾问

奥美集团大中华区董事长

2015 年 10 月 13 日

序言三

给整个广告行业的一份献礼

今年是中国4A成立十周年。我们大家都在想十周年之际我们应该做点什么？做点什么才能算是我们对4A这十年坚持的总结和汇报，才能算是给整个广告行业的一份献礼。一个年轻的广告人提示了我们，应该出一本蓝皮书表达4A对中国广告行业近十年来的现状与发展的看法。经过中国4A理事会理事长联席会议的讨论，大家一致同意编写这样一本书。

中国4A是在中国商务广告协会领导下的一个由自律性的高端广告公司组成的社团组织。成立之初，主要创始人刘保孚先生就提出了4A的标准和努力方向，即一流的服务、一流的创新、一流的实力、一流的诚信，我们把它简称为4A。宋秩铭（奥美集团大中华区、WPP集团大中华区董事长）曾提到中国4A，英文即The Association of Accredited Advertising Agencies of China，关键的两个字是“Association”和“Accredited”。Association，协会，即是行业的协会，由于大家在同一行业，有共通的问题及利益，如何通过协会的力量，协力来创造良性的产业环境，取得社会的尊敬，吸引好的人才加入我们的行业。协会的运作，必须有清楚、公开、透明的决策机制来形成共识，激发成员的参与感，共同出力，为业界的健康发展尽份力量。Accredited，公认的、可信任的，即协会的成员在这个行业的运营行为是被认可、被信任的。

十年来，4A已经成为一个具有70多家成员单位的精英组织，它的专业性、领先性和影响力已经为业界所公认。写这本蓝皮书主要是回顾我们这十年来走过的道路、成长的历程，总结我们的经验与教训，阐述我们对广告及广告行业发展的认识与观点，同时也通过这本书让全社会看到有这么个行业，有这么一批广告人在为国家的市场经济发展，为各类企业和品牌的建设，为引导广大消费者健康快乐的崭新生活而孜孜不倦，呕心沥血地奋斗着、服务着。

变化的时代，求变广告业。广告业、广告人要与时俱进。互联网、大数据、新媒体、移动终端的蓬勃发展，为广告人广告业的健康成长既开辟了新天地，又提出了新挑战。如何在新形势下坚持广告的本质，坚持广告人的使命是我们面临的新问题。写这本书的目的就是要阐明我们对上述问题的态度和观点。广告的本质没有变，广告人的使命没有变，倡导健康消费、引导新生活，帮助我们的客户塑造更好的品牌形象，让品牌深入人心，永远是我们的工作目标和方向。

为了更客观地描述 4A 及广告行业近十年来发展的态势，我们特别邀请了中国传媒大学的丁俊杰教授、北京大学的陈刚教授为本书的总撰稿人，并由他们的团队来负责撰写。有这两位广告学术界顶尖学者的鼎力相助，这本蓝皮书才得以完成。这当中还有 200 余位参与者，其中不乏总经理级、总监级，老一代广告人和年轻一代广告人的参与，他们都为本书的编写给予了大力的支持和帮助。这也充分体现了广告人对广告事业的热爱和期待。在这里我就代表 4A 理事会一并表示感谢了。

写这本书其实也是一种尝试，是一种自我总结和自我鞭策。我们还有很多工作要做，还有更多的梦想尚未实现。因此，我们需要坚持下去，坚持 4A 的标准，完成 4A 的使命，让我们的努力能够为中国广告业的发展，为祖国的经济建设多添一砖一瓦。

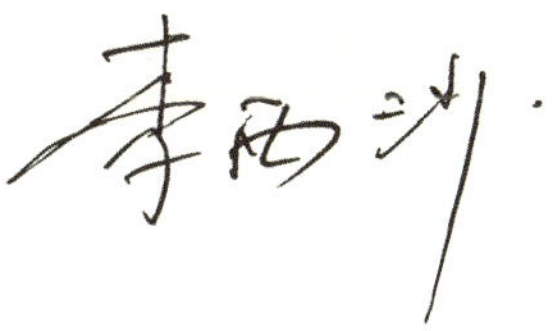

李西沙

中国 4A 理事会理事长

北京电通广告有限公司常务副总经理

序言四

透过广告，可以发现一个国家的理想

英国作家道格拉斯说："透过广告，可以发现一个国家的理想。"这是一部透过广告，试图回顾、展现一个行业群体理想的书，哪怕这种理想在今天这个时代正在被人淡忘甚至遭受质疑。

法国广告评论家罗贝尔·格兰说："我们呼吸着的空气，是由氮气、氧气和广告组成的。"这是一部聚焦广告，试图检测、萃取周遭"空气"纯度的书，哪怕在今天的空气成分中，密度激增的广告已令很多人不堪其扰。

美国前总统罗斯福说："不做总统，就做广告人。"这是一部反思广告，试图走近，还原广告公司从业人员真实状态和困惑的书，哪怕今天广告行业在年轻人眼中似乎正在日益褪去高薪、潮流等光鲜的标签。

黎巴嫩诗人纪伯伦说："我们已走得太远，以至于我们忘了为什么而出发。"广告对经济的驱动，广告对社会的镜像，广告与传媒的融合，最终都表现为广告与时代的互动。改革开放 30 余年，广告在几经蜕变的同时，忠实记录了中国社会的沧桑巨变，这是一部关注变化，试图探寻广告行业初心和坚守的书，对广告行业的反思，其实也是重塑广告行业灵魂的过程。

思考广告业，历来不乏多元化视角，既有着眼于广告与社会经济关系的宏大叙事，也有从数据层面动态追踪广告产业发展变迁的定量描述，更有从媒体技术革新视角进行的新媒体广告研究。从广告产业的断面而言，这些研究视角无疑均具有一定意义。透过这些研究，我们也确实能够洞察中国广告行业 30 余年来的发展变迁。然而，中国广告行业的复苏和运转，相较西方发达国家而言，有着更为复杂的外在环境和内在纠结。其一，中国市场经济和社会开放的进程带来了井喷式发展的社会消费能力和消费意识升级，广告业一方面需要不断创新，努力适应和引导这一不断升级的进程，另一方面则必须面对由工商系统的脆弱和社会问题的凸显而引发的社会对于广告的种种批评；其二，中国广告产业的高速发展，由市场和经济系统的强烈需求驱动，几十年超速发展的同时，广告业过分追求产业规模和增速，而无暇深刻反思自身核心理论和专业能力的合理性，加之数字技术冲击、入门门槛较低等因素的影响，中国广告公司鱼龙混杂、理论空心化的状态始终制约着行业的健康发展。

基于这种认识，本书上卷通过回顾和梳理中国广告业和中国 4A 成立和发展历程，重点回答了以下三个问题：第一，什么是真正的广告？不同社会阶段中，广告的功能和价值应当如何定义？第二，什么是真正的广告人？广告人的情怀、专业和定位应当如何认识？第三，什么是中国 4A？昨天、今天和未来，中国 4A 在功能设置、专业能力和商业模式等领域的差异和变化应当如何思考？围绕上述问题，本书的研究逻辑将从三个层次展开：

第一层是中国社会意识和消费形态变迁的宏观视角。探讨广告与社会发展的互动关系，分析广告在不同社会阶段的作用、功能和地位。

第二层是中国广告业 30 余年发展历程的中观视角。探讨中国 4A 与广告行业的互动关系，定义中国 4A 对于中国广告业具有的意义、作用和价值。

第三层是中国 4A 协会成立和发展的微观视角。探讨中国 4A 十年历程中的成绩、挑战和问题。思考中国 4A 发展方向与广告业未来趋势之间的适应、引领及转型。

“未来不是我们要去的地方，而是我们要创造的地方。”让我们掀开历史的面纱，共同探寻未来前进的路径和方向。

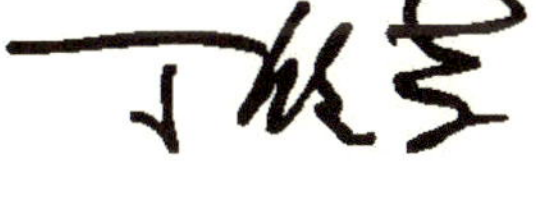

丁俊杰

中国传媒大学广告学院院长

国家广告研究院院长

首都传媒经济研究基地主任

序言五

责任与荣誉

在这本书的最后，我写道，中国 4A 到底因何而聚？是因为责任与荣誉。

中国 4A，是一个真正的命运共同体。这样一些优秀的广告公司聚在一起，并不是为了某些商业利益。作为行业的代表者，中国 4A 更多的是搭建了一个交流沟通的平台，在全球广告业发展的这个非常特殊的阶段，承担起引领行业发展的责任，提升中国广告业的荣誉感。

这是在这个项目进行的过程中，我个人和我所带领的团队最深切的感受。

中国 4A 的十年，是中国广告业最激动人心的十年，是面临前所未有的巨大挑战和机遇的十年。在这个十年，全球广告业都处在适应互联网转型的震荡之中。这一个转型的过程至今还没有完成，还在路上。

在这个不确定的时代，最重要的是正视挑战，接受挑战，勇猛探索，不断前行。

长期以来，我一直关注和研究互联网所带来的社会、经济变化，当然也包括广告行业的变化。对传统媒体和传统广告业，我的观点批判居多。宋秩铭（TB）先生和李西沙先生第一次同我谈进行这个项目研究的时候，我非常好奇。宋秩铭说，我知道你的观点 ，所以才请你来做关于4A未来发展的研究。我们不怕负面，不怕批评，最重要的是增强行业的紧迫感。4A必须要改变。不改变只有死。

他的态度让我非常感动，但是也增加了我的压力。这个项目必须尽心尽力去做。因为在他的眼光中，我感受到了沉重的期待。

在项目研究的过程中，我参加了多场访谈，走访了北京、上海、广州的多家公司。只有一个问题：面对互联网，大家在想什么？做什么？

有焦虑，有迷茫，有抱怨，当然也有理性的分析，客观的判断。所有的公司都在进行互联网的转型，有迷失，但确实也有突破性的亮点。

研究的过程，是一个理论与实践对话的过程。总体来看，互联网的变革，是现代广告业发展100多年来所遭遇到的最大的变革。只有理解互联网，才能对广告业的发展进行判断。虽然数字技术的变革还没有完成，但是，大的方向已经越来越清晰。在这场变革中，现有4A的模式基本上是不适应的，专业价值在衰落。数字营销传播不是传统广告业的延伸，不是在原有的体系内修修补补。要满足广告主新的需求，4A为代表的广告公司必须创造互联网时代新的专业价值，从业务流程、公司形态进行数字化再造。

由于要赶出版周期，写作有很多仓促的地方。真的希望能够有更多的时间进行修改和完善。

喜歌是很好唱的。批评一定会让人不舒服。但唱喜歌解决不了任何问题，直面问题、理性批评才是对行业发展真正的爱。

在4A十年的时候，4A组织的领导者勇于出这样一本直面问题的坦诚的蓝皮书，让人尊敬。这体现的是对行业的责任，更体现了对未来发展的信心。

在这个大变革的时代，首先要承担起历史的责任，推动变革，然后才能重塑和创造4A未来的荣誉。

让我触动很深的是，虽然面对很多困难和挑战，但走到4A的各个公司，访谈不同层面的人，处处都能感受到活力、生机和笑容。

4A有着顽强的生命力，一定能够迎接数字化的变革，创造更广阔的未来。

整个访谈的组织服务是一流的。谢谢美丽的瓦妮莎（朱漫芳）所带领的团队细心周到的安排。感谢各个公司和各位访谈对象的全力配合和支持。

陈刚

北京大学新闻与传播学院副院长

北京大学现代广告研究所所长

中国广告协会学术委员会委员

上卷

第一章

序幕：高歌猛进的广告产业

广告行业的规模化与专业化

1979年，中国当代广告业复苏。广告行业从零基础、零规模、零专业的原点起步，在巨大的市场需求下，经历了快速发展：从1979年全国只有十几家美术公司承接简单的广告设计业务，到2013年全国有超过44.5万家广告经营单位；从1979年广告经营额1 000万元，到2013年广告经营额突破5 019.75亿元。数据的变迁表明，中国广告业30多年发展历程中，最显著的特点就是其堪称迅速的规模化扩张。

应当看到，支撑广告业规模化扩张的背后动力是专业化程度的提升。正是专业理论体系的建立，使得广告从简单的设计工作，上升为复杂的商业信息加工和品牌管理服务。为实现这一目标，中国广告业历经30余载，弥补了以下三方面的专业短板：其一，是广告专业方法论的建立；其二，是广告公司理论模型的建立；其三，是广告社会定位和价值的建立。上述三个方面，共同构成了现代广告专业化的核心支点，也是支撑中国广告业规模迅速扩张的内在动力。

然而，由于根植于中国特殊的经济和社会环境中，中国广告行业的发展具有错综复杂、高度浓缩的特点。西方发达国家经历了数百年完成的经济环境变迁和广告产业升级，在中国则压缩为短短几十年就实现跨越式发展。因此，仅依靠行业自发式实践积累，无法在短期内全面提升中国广告业的专业能力。薄弱的基础，旺盛的需求，共同决定了中国广告业在发展初期必须充分借鉴发达国家的实践经验，追求低起点、高增长的跳跃式发展模式。

正因为这样，在中国广告行业的规模化和专业化进程中，具有天然先发优势的国际 4A 公司[①]就成为发挥重要作用的推动力量。最初，国际 4A 公司是借中国市场环境开放的春风，随跨国企业进入中国市场的，目标是为国际品牌的中国化进程提供广告业务支撑。例如，为帮助日本家电、汽车等商品在中国做广告（见图 1），1980 年，电通广告公司在北京、上海设立办事处，与同期进入中国的李奥贝纳、博报堂等公司共同掀起了国际 4A 进入中国市场的第一波潮流。

1986 年开始，中国加强开放的信号不断释放，市场前景向好，然而由于当时的政策限制[②]，国际 4A 公司只能通过“合资”的方式落户中国。例如，1986 年 5 月 16 日，中国国际广告公司与日本电通株式会社、美国扬罗必凯公司联合成立的“中国电扬广告公司”正式在北京注册成立，开启了广告企

① 中国对国际 4A 公司的称呼，突破了美国的国家地域限制，将日本和欧洲的国际广告公司统称为国际 4A。这一方面源于 4A 协会在全球的影响力，另一方面也是因为 20 世纪八九十年代集中进入中国的国际广告公司都来自广告发达国家，确实存在一些共性。

② 直至 2005 年 12 月，中国才允许外资全资公司进驻，2006 年也被称为中国广告市场全球化元年。

业追求规模化和专业化的历史序幕。同年，奥美北京办事处宣告成立。数据显示，到 1991 年，中国内地共有 13 家外商投资的广告公司，营业额达到了 2 306 万元。[①] 此后几年间，这一数字不断增加，1994 年底中国大陆地区的外商（合资、合作）广告公司已达到 300 家，截止到 1998 年，全球排名前 10 的广告公司已全部在中国开设了合资公司。[②]

图 1　1978 年上海街头的日本汽车户外广告牌

可以看出，国际 4A 公司之所以能够在中国广告行业的规模化和专业化进程中发挥重要作用，除了自身具有的理论先进性和专业度恰好顺应了改革开

① 《中国广告 25 年》，范鲁斌著，北京：中国大百科全书出版社，2004 年 9 月第 1 版。

② 其中包括盛世长城国际广告有限公司、麦肯 · 光明广告有限公司、智威汤逊－中乔广告有限公司、上海奥美广告有限公司、上海灵狮广告公司、北京电通广告有限公司、美格广告有限公司等国际知名广告公司。

放初期中国广告业的发展需求之外，由中国市场的政策限制而导致的国际 4A 与本土公司的合资大潮，客观上也建立了本土公司和国际 4A 之间紧密连接的纽带，在很大程度上促进了初生的本土广告公司与国际 4A 进行深入接触和融合，加速了国际广告专业标准和营销理论观点的输入进程，这也是中国广告行业不同于世界其他国家的一个显著特点。

国际 4A 公司对中国广告行业规模化的强力拉动，还体现在 2002 年之后开始的大规模资本并购。其中，2005 年奥美控股福建最大的本土公司奥华广告，阳狮整合实力传播和星传媒体，成立博睿传播等并购案例，在当时的广告行业中备受关注。对于这种通过资本并购的手段扩大规模的模式，曾有很多质疑的观点，认为来势汹汹的国际 4A 公司在鲸吞和冲击本土广告公司的发展空间，不利于本土广告企业的做大做强。无论这种观点是否有道理，可以肯定的一点是，2005 年前后的广告公司并购，的确进一步增大了广告公司的规模，产生了从媒体购买到综合代理的多类型大型广告公司，符合当年广告产业快速发展对广告业务单元提出的规模化需求。

总之，从国际 4A 公司在中国的发展路径来看，国际 4A 作为重要的产业力量，在 20 世纪八九十年代，推动了中国广告规模化和专业化的进程。

广告在社会商业启蒙中的独特价值

改革开放初期，广告是中国商品经济发展的标志和镜像，是中国社会转型发展的时代尖兵，对中国现代社会的商业启蒙具有独特价值。日本学者山本武利的研究表明，在20世纪80年代，中国民众对于广告的喜好程度甚至超过了电视剧和其他节目。这在今天似乎难以想象。究其原因，其实是广告在改革开放中暗合了中国社会的时代需求：一方面代表了大众消费的丰富和物欲的解放，另一方面又表达了中国民众摆脱思想禁锢和物资贫乏束缚的强烈愿望。因此，广告从重新出现在中国社会空间的那一刻起，就承担着重要的历史使命，具备独特的社会价值。

正是因为广告具有如此显著的独特价值和社会影响，改革开放初期，整个社会对于广告的关注度非常高，对广告专业化水平的要求亦非常迫切。主要表现在三个方面：第一是广告公司的数量快速增长；第二是广告人的工作领域逐渐明晰，对创意的精细化和整体策划的科学性要求越来越高，广告逐渐摆脱了单纯的信息艺术加工，升级为知识密集型复杂劳动；第三是国家对于广告行业的管理日趋重视，明确了广告主管部门，颁布了广告管理条例，并于1994年出台了第一部《广告法》。上述三点，促进了广告专业化探索进程的加快，也暴露出了中国广告业本身在专业理论、业务流程和广告理念层面的发展严重滞后。在这种情况下，本土广告人见贤思齐，自发向国际4A公司学习的行为，自然成为当时迅速缩短中外差距，提升中国广告专业化水平的有效路径。

北京广告有限公司董事长兼总经理胡纪平女士回忆说："对于本土广告公司来说，成立之初就是站在国门上的企业，一方面和国际4A合作，把它们先进的广告运作方法带到国内，同时也有一个传播知识的功能。”① 在 20 世纪 90 年代前后，中国广告界有一个“大家学北广”的热潮，因为很多人觉得当时的奥美太国际化，直接学习有距离，而北京广告公司则比较接地气，更加适合本土公司学习和借鉴。从这个意义上来讲，“北广是第一个把市场营销理念带进中国的公司。而且这套营销理念是北广从国际 4A 身上学到的广告经验，需要与中国的实际情况相结合，才能真正运用在国内市场中”。②

我们看到，无论是本土公司直接吸收，还是间接学习，这一时期的国际 4A 公司，都是中国广告行业绝对的知识权威，发挥着专业布道者的重要作用。例如，20 世纪 90 年代初，奥美的“360 度品牌管理”理论模型传入中国，用一个全方位传播的环形结构实现了对所有传播接触点的深度洞察；同期，智威汤逊提出的“全方位品牌传播”理论，以及扬罗必凯与哥伦比亚大学商学院合作开发的品牌资产评估系统模型等广告理论模型和专业工具，在推动广告知识发展的同时，也塑造了国际 4A 公司的知识权威地位，使得国际 4A 成为推动中国广告业专业化进程的引擎加速器。

①② 根据中国 4A 第十届常务副理事长、北京广告有限公司董事长兼总经理胡纪平女士访谈录音整理。

小结

支撑中国广告30余年规模化扩张的内在动力是广告专业化程度的日益加深，而由于中国广告行业发展基础特殊而薄弱，因此向西方发达国家公司的借鉴和学习，始终是中国广告专业化的主要路径，在这种情况下，进入中国的国际4A公司自然成为承载这一历史使命的重要载体。几十年来，本土公司在与国际4A的互动中，逐步形成了符合中国特色的广告价值观和方法论，进而孕育出既秉承国际4A精神，又符合自身特点的行业组织。

第二章

曙光：广告价值的全面确立

如前文所述，广告是中国现代社会商品经济的启蒙，广告从无到有，伴随着时代变迁的清新风气，标志着中国社会从封闭到开放，从计划到市场的历史性变革。随着中国商品经济向市场经济转型，广告行业在其中的自我塑造和自我提升，始终是一个不断持续、不断深入的过程。社会环境中，广告行业价值的最终确立和受到认可，为广告公司客观认知自我定位和价值，提供了有利的环境基础。

■

社会意识开放促进广告行业发展

改革开放后，中国广告行业是最先感知并分享到社会意识开放带来的时代红利的行业之一。日益开放的市场环境和对广告专业化的强烈需求，一方面加速了国际 4A 公司进入中国的步伐，另一方面也催生出了广告在这一历史时期的两个时代价值。

广告的第一个时代价值是对社会潮流的塑造。随着广告专业化程度的提高，广告的创意水准、制作水平和表现技法都有了很大程度的提升，诞生了一批至今被人铭记的广告作品。燕舞录音机、来福灵杀虫剂等广告歌曲，在民间口口相传，代表了一个时代社会大众的审美倾向和潮流趋势，广告也因此确立了其在消费生活中的重要作用，具有鲜明的时代烙印。1992 年上海市的一项广告调查表明，上海市民对广告的关心度和信任度都在 80% 以上，[①] 人们的生活已经越来越离不开广告。广告在当年是人们获取生活知识，提高生活品质的重要信息渠道。正如北京电通广告公司副总经理李西沙先生所言：这一时期的广告，是“新生活运动的引领者”。人们通过广告接触新产品，提升自己的生活品质，例如，中国农村居民的卫生意识和清洁用品的使用习惯，最初就是通过广告培养起来的。又如，20 世纪 90 年代的无绳电话、画王彩电和去屑洗发水等产品，也都是通过广告才进入人们的日常生活。广告成为新技术向生活用品转化的桥梁和加速器，带来人们生活方式和生活水平的改变和升级。

图 2　广告流行期的电视广告作品

① 《中国广告猛进史（1979—2003）》，北京：华夏出版社，2004 年 9 月第 1 版。

这一时期，广告作品中体现出的对创意和消费者洞察的重视，是中国广告行业专业化探索的重要表现。在此作用下，广告塑造品牌、激活消费市场的作用非常显著。以奥美广告公司2003年的“动感地带”广告案例为例，通过此广告创意，中国移动首次成功地实现了对原本单一的通信产品进行受众区隔，赋予了手机卡人性化的定位和鲜明的群体属性。这一定位今天看似简单，在当时却意义重大，因为它改变了受众对于通信产品的刻板印象，激发了年轻人的手机使用热情，最终开创了一个新的消费市场。更重要的是，此广告直接带动了手机从语音通话时代进入短信时代，是移动媒体增值业务时代的起始点。而取得上述成绩的关键，源于广告人对于手机市场前景和消费者需求的客观分析和精准把握，在此基础上进行的广告创意，既符合行业发展的方向，又闪烁着人性的光芒，堪为具有时代意义的广告佳作。

图3　2003年“动感地带”平面广告

广告的第二个时代价值是体现了社会开放进程。从 20 世纪 80 年代开始，我国对外贸易广告宣传的国际业务交流就在持续进行。现代中国最早的广告协会是 1981 年 8 月经原对外经济贸易部批准成立的“中国对外经贸广告协会”（后更名为“中国商务广告协会”），[①]“它是经各省市自治区人民政府批准经营对外广告业务的广告公司的联合组织，包括部分外贸系统的宣传途径，接受对外贸易经济部的领导，贯彻联合起来统一对外的方针，主要任务是协调各外贸广告公司之间，和它们同各外贸专业机构之间，商品对外宣传的关系，促进我国进出口贸易服务”。[②]对外广告协会的成立，显示出广告与中国对外开放进程之间的紧密联系。

改革开放初期，外广协曾紧锣密鼓地举办一系列具有代表性的活动：1982 年组织各地广告公司和媒体，赴中国香港、日、美、欧考察，同时不断请这些地区的广告专家来华举办相关讲座和交流活动。[③]1983 年，外广协在北京举办了我国改革开放后的首届“全国出口商品广告摄影作品展览”，得到电通、奥美、麦肯等外资公司支持，并赴上海、南京、大连、广州等 9 个城市巡展。[④]1985 年，欧洲共同体的援华项目在桂林举办了“广告摄影高级培

① 中国广告协会则成立于两年后的 1983 年。

② 根据中国商务广告协会副会长兼秘书长刘立宾先生访谈录音资料整理。

③ 据刘立宾先生回忆，最早外广协在青岛组织对外贸易广告宣传会议，第一次请了中国台湾的“广告创意教父”孙大伟来讲创意，那时候内地广告人对创意还没有认知，孙大伟来讲课时提出创意的概念，使很多人猛然醒悟。本来应是第二天讲课，头一天大家就在楼道里围住孙大伟，分排坐在楼道前厅，他索性就在楼梯前给大家讲了一课“什么是创意”。

④ 据刘立宾先生回忆，外广协举办国外广告摄影展的时候，五分钱一张票，当时正好全国影展在北京开展，结果那边门可罗雀，这边门庭若市，显示出当时社会大众对于广告的关注和喜爱。

训班”，欧共体共派出13位广告摄影、设计与市场专家来华讲学。并于次年邀请外广协组团赴欧共体考察。1985年，由外广协发起、中广协参与的“第三世界广告大会”在北京人民大会堂隆重举行，其间时任国家主席李先念、代总理万里、副总理李鹏、人大常委会副委员长荣毅仁等八位国家领导人出席或参加了大会的重要活动。

从上述活动可以看出，成立伊始，外广协就和进入中国的外资广告公司保持着密切关系，举办了一系列的广告活动，搭建了国际4A与国内广告人的理论沟通平台和桥梁。这种紧密的联系，也为后期中国商务广告协会推动中国4A奠定了坚实基础。

■

从专业化曙光到行业灵魂塑造工程

1979~2005年，国际4A公司的强势进入，为中国广告业树立了专业化标杆，发挥着理论普及和领航作用，带动了中国广告业的发展，为基础薄弱、理论缺失的中国广告行业提供了理论基础填充、实践经验借鉴和发展目标示范。一个行业，只有拥有了被社会广泛认可的理论高度、可复制使用的实践经验和统一坚持的行业理念，才能成为一个真正有价值、受尊敬的行业。

从中国广告行业发展历程来看，这种国际4A与本土公司互助“任务”起始于20世纪80年代，随着中国广告行业理论体系的基本建立，到2005年前后这一任务宣告完成，奥美集团大中华区董事长宋秩铭先生指出：“改革开放初期，中国的广告理论是很欠缺的，当时国际4A公司进入中国之后，很多本土广告人进入4A工作，学习理论并实践，然后离开国际4A，进入本土公司或自己创办公司，这是一个学习的过程，也是广告行业发展的过程。到2005年前后，两者的差距已经缩小，可以说国际4A传递知识的时代任务已经完成了。”[①]随着这一阶段的完结，中国广告业的发展进入了建立行业标准，完善自我管理的新阶段。行业的时代使命，从构建理论体系，升级为建立自律标准，进行自我规范。因此，成立中国广告行业自律组织的要求就变得日益迫切。

小结

中国改革开放以来，本土广告公司与国际4A公司的互动和交流，一方面通过国际4A公司，把国际先进经验带到了中国；另一方面又对这些理论和经验进行了符合中国市场环境的适应性调整，这就是4A公司在行业的价值，也是中国广告业的基础和曙光。今天我们回头思考，会发现这一过程的实现，不仅仅是中国广告行业的专业化发展过程，更是“中国广告行业灵魂”的塑造过程，实质上完成的是中国广告业在世界观和方法论层面的初步塑造。而其后中国4A的诞生和持续发挥作用，正是这一“灵魂塑造工程”的常态化表现。

① 根据中国4A终身顾问、奥美集团大中华区董事长宋秩铭先生访谈录音整理。

第三章

顺势：应运而生的中国 4A

2005 年前后，中国广告业走入了相对成熟的发展阶段。广告的社会价值和功能日益突出。同时，制约广告行业进一步发展的各种问题也相伴而生：行业发展不均衡，专业水平差异较大，广告人的专业价值和地位没有得到与其贡献相匹配的社会认同等发展瓶颈，严重影响了这一行业的进一步健康成长。从行业自律的角度看，发挥行业组织的作用，从内因寻求突破性成长，是广告行业发展的必然需求。而承担这一历史使命的重任，必然会落在中国广告行业的领航者，以国际 4A 公司为主体的专业广告公司集群肩头。因此，在这种历史环境中，中国 4A 是外因和内因共同推动下，顺势而生的产物。

■

外因：中国广告产业日渐成熟

中国广告行业成熟与否，至今仍被认为是一个值得商榷的问题。历来有很多学者不断列举行业发展中存在的诸多问题，来阐述广告业发展尚未成熟的观点。而我们认为，对于一个行业而言，不同的发展阶段，势必会产生类型各异的问题，不能因为存在相关问题，就否定行业发展的阶段特征。尤其是对于中国广告行业而言，由于身处相对复杂的经济环境之中，对其发展情况的判定就更加需要理性思考。我们认为，2005 年前后的广告行业，是一个日渐成熟但显性问题格外突出的行业。而这些外在特征，恰恰为行业自律协会——中国 4A 的诞生提供了环境动力。

从 1979 年复苏开始，到 2005 年，中国广告行业已经步入了第 26 个发展年头。一方面，根据产业生命周期理论，一个 25 年保持连续增长的产业基本上可以判断为一个成熟的产业。而自复苏以来，中国广告行业始终保持着高速增长的状态。另一个成熟产业的发展特征是在高基数发展水平上增速逐步放缓。从工商总局的广告业统计数据中可以看出，自 1999 年开始，广告行业的年增长率波动逐渐趋于平缓，产业发展的路径从以前的“低起点高速度”，逐渐向现在的“高起点低速度”转变。发展特征的变化，也说明广告产业进入了一个相对成熟、稳定的发展阶段。

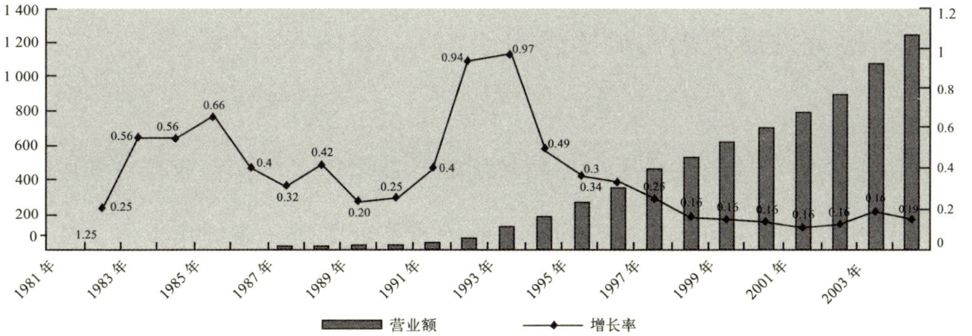

图 4　1981~2003 年中国广告业发展轨迹

另一方面，国际经验表明，当广告营业额占 GDP（国内生产总值）1%的时候，就标志着这个国家或地区的广告业进入相对成熟的阶段。2004 年，中国广告经营额达到 1 239 亿元，GDP 为 136 515 亿元，广告营业额占 GDP 比值为 0.91%。2005 年，中国广告经营额达到 1 416 亿元,GDP 为 182 321 亿元。广告营业额占 GDP 比值 0.78%。[①] 由此可见，按照国际标准来判断，2005 年，中国广告业已经发展为一个相对成熟的行业。

从行业自主意识层面来看，广告行业日益成熟的过程，也是行业自律、自治意识不断觉醒的过程。纵观全球发展成熟的各类行业，都建立了自己的行业自律协会或组织，如律师协会、记者协会或工人协会等，这也是行业成熟的标志之一，广告行业自然概莫能外。因此，2005 年，对于一个发展日臻成熟，规模上千亿元的行业而言，建立一个能代表行业发展水平和方向的自律组织，自然成了广告行业日益凸显的发展需求。

内因：迅猛发展带来的显性问题

由于发展历程的高度压缩和超常规的产业增速，广告行业在日渐成熟的同时，也始终存在很多伴生性问题，制约着行业的进一步健康发展。具体而言，主要有以下 4 个方面的显性问题：

① 根据国家工商总局发布的历年广告行业统计数据整理。

1. 广告行业发展不均衡

首先，中国广告产业链条是围绕媒体资源架设和运行的，其中广告公司的主体地位较弱，从产业复苏初期，就形成了强媒体、弱公司的角色分配，由此导致了广告公司的主体地位始终未获得充分认可。正如前工商总局广告司司长、中国 4A 终身顾问刘保孚先生所说："中国广告市场的主体是广告公司，但是广告公司并没有起到主体作用，整体是一个强媒体、强客户、弱公司的局面。"①

其次，广告主的广告意识与市场发展的需求不平衡。广告业发展早期，广告主发布广告主要以生产为导向，广告的作用就相当于产品说明书。随着产品竞争日趋激烈，企业开始正视广告在市场营销中的独特效用，承认广告从业人员的专业性，但是从广告业界来看，全国范围内依然存在广告主缺乏理论认知，对广告代理商缺乏尊重的现象。例如，"有的企业一个策划案，通知 30 多家广告公司来竞标，最后结果竟无一中标，白白浪费广告公司资源，增加了运营成本，本质上是对广告公司劳动和时间的不尊重"。②

最后，广告业发展的区域差异非常明显。一线、沿海城市等经济繁荣地区的广告业发展相对较快，围绕北上广形成了三大广告中心，而其他地区的广告业发展则相对滞后，整体发展非常不均衡。

---

① 根据中国 4A 终身顾问、原工商总局广告司司长刘保孚先生访谈录音整理。

② 根据互通国际传播集团董事长邓超明先生访谈录音整理。

2. 广告公司经营混乱

改革开放之后，主管部门对广告行业的管理理念经历了一个日益“松绑”的过程，通过出台取消“广告经营许可证”等一系列措施，大大降低了广告公司的创办门槛，几乎在朝夕之间，市场上就冒出许多所谓的“广告公司”，这些公司与真正专业的广告公司大相径庭，其业务范围非常杂乱，从设计招牌到印刷传单，几乎无所不包，对外却都自称为“XX广告公司”。一时之间，广告公司鱼龙混杂，市场竞争非常混乱。

可以看出，由于“广告公司”这一名称在这一阶段被滥用，“广告”一词也被逐渐泛化，其内涵和社会认知日趋模糊，最终导致很多原本不属于广告范畴的业务也被纳入到了广告领域，冠以广告的名义，如街头传单、卡片被统称为“小广告”，招牌和招贴制作被统称为“广告制作”，这些业务被“简单粗暴”地定义为“广告”，不但是对广告基本概念的曲解，也大大降低了广告的科学内涵、技术含量和专业定位，为中国广告人社会地位较低、广告专业性不被认可等问题埋下了隐患。

3. 行业不正之风盛行

首先，各种虚假广告、低俗广告充斥着市场。国家食品药品监督管理局提供的数据显示：2005 年 1~6 月，该局对全国 113 家平面媒体发布的 1 608 份医疗器械广告进行监测后发现，其中 1 576 份均为违法发布，违法率高达 98%。之后国家广电总局、国家工商总局发出通知要求整顿广电广告内容，截至 2006 年 8 月 28 日，全国地市级以上电视台中违规播出电视购物节目的频道仍有 77 个。不良甚至违法广告泛滥媒体，屡禁不止。[①]

其次，大型广告公司跳槽现象比较严重。由于广告人才稀缺，长期以来，广告业内形成了以跳槽提高薪金的风气。“据统计，4A 公司每年流动率甚至高达 20%~30%”，[②] 高流动率一方面势必对广告公司的正常业务带来困扰，引起客户抱怨，另一方面也会导致员工忠诚度降低，使技术和经验难以累积，影响广告公司的人才培养和骨干培育。

最后，中国广告业遭遇诚信危机。诚信危机体现在两个方面：其一，是广告内容领域的不诚信。2006 年中国消费者协会的“广告公信度”调查显示，12 927 位调查对象中，“超过 2/3 的受访者对我国商业广告不信任”，其中，医疗、保健食品和药品成为虚假违法广告的重灾区。其二，是广告经营手段的不诚信。“业界互相杀价、互撬客户、互挖墙脚、零代理、通过比稿剽窃他人作品、搞回扣等恶性现象大行其道”，[③] 引发了中国广告业的诚信危机，行业的社会名声被诟病。

可以看出，面对广告行业内部的重重问题，2005 年前后，仅通过主管部门和管理制度的约束，已经不能有效净化广告行业，诸多问题的解决之道，还需要从内因角度来进行探索。

---

① 陈仕洪：《媒体应拒绝不良广告》，文章来自《声屏世界》，2007 年 01 期。

② 根据中国 4A 终身顾问、奥美集团大中华区董事长宋秩铭先生访谈录音整理。

③ 《广告中国》，寇非著，北京：中国工商出版社，2003 年 8 月。

4. 广告行业以管理为主，自律缺席

2005年之前，中国广告行业的管理采用的是以工商行政管理部门为主导，多部门联合参与、各司其职的联合监管体系。该体系的特点在于以政府部门为主体进行规范和监管，而行业自律在其中的作用和定位始终是管理的短板。对于日臻成熟的广告行业而言，管理主体的丰富和管理体系的完整构建，显然是必须要完成的历史使命。

同时，以工商局为主体的广告管理，其约束的重点就是广告公司，换言之，广告公司自身行为的规范化和专业性，将直接影响和决定中国广告行业管理工作的效果。因此，对于一个千亿元年产值的产业而言，发挥行业协会的自律作用，从内部树立行业规范和标准，是一项非常必要且迫切的任务。而由于中国长期存在的协会官办色彩，既有行业协会的管理职能，往往只能通过创办刊物、举办活动来服务行业，这些工作当然有必要，但显然不够。只有通过规范成员间的竞争秩序，引导全行业协同发展，才能真正带动广告行业服务水平的整体升级。由此可见，当时的中国广告业确实亟须成立一个行业自律协会。

综上所述，2005年前后，中国广告行业进入了一个关键的战略发展阶段。一方面，从产业规模、增长率和社会贡献等层面，广告业的发展已日益稳定、成熟；另一方面，在迅猛发展的同时，广告行业也不断暴露出自身成长中的诸多问题。

在这种情形下，行业成熟度提升带来的内在意识觉醒和行业对于组织自律功能的迫切需要，从内因和外因两个层面共同催生出中国广告行业自律组

织的诞生。从这一层面来讲，广告行业自律组织的诞生，是水到渠成、顺势而生的历史必然选择。而当时能够承担这一历史使命的，只能是由行业领军者组成的高端广告公司集群，在这种情况下，一些先知先觉的广告人，自发进行了成立 4A 协会的实践探索。

地方性 4A 协会的出现

事实上，在 2005 年之前，国内已经出现了一些小型的 4A 组织或活动，这也表明在当时不均衡的广告市场中，已经有一批广告人意识到了行业发展的方向，率先尝试建立自律组织。其中，以广州、北京等地的 4A 协会最具代表性。

1996 年 11 月 1 日，广州地区综合性代理公司委员会（简称广州 4A）宣布成立。首批会员公司共 18 家，这是中国内地最早出现的 4A 组织。

2001 年，中国对外经济贸易广告协会改组，增设了“中国 4A 广告公司委员会”等多个专业委员会。同年，继广州 4A 之后，北京也组建了自己的 4A 组织，并成立执委会和筹备委员会。

今天看来，地方性 4A 协会的出现，折射出的是发达地区广告公司从业人员自律意识的日益觉醒，也体现了作为先行者的大型广告公司心怀行业发展大计的情怀。从区域效果上来看，地方性 4A 协会的成立，确实为提高各地广告市场自律水平，保持广告公司之间良性竞争，维护行业专业化水准做出了积极的贡献。然而，应当看到的是，尽管拥有良好的愿望，地方性的4A协会发挥的空间和作用仍都较为有限，与发达国家的4A协会相距甚远。

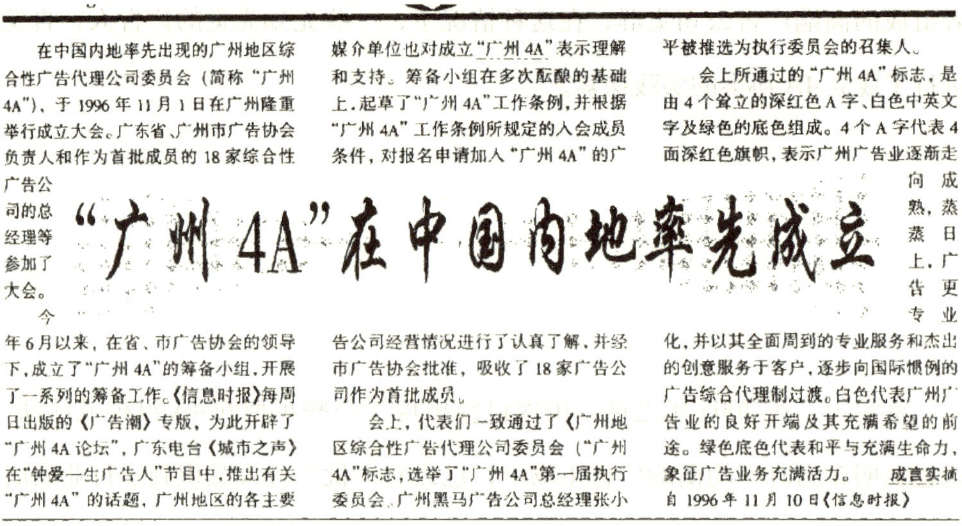

“广州4A”在中国内地率先成立

在中国内地率先出现的广州地区综合性广告代理公司委员会（简称“广州4A”），于1996年11月1日在广州隆重举行成立大会。广东省、广州市广告协会负责人和作为首批成员的18家综合性广告公司的总经理等参加了大会。

今年6月以来，在省、市广告协会的领导下，成立了“广州4A”的筹备小组，开展了一系列的筹备工作。《信息时报》每周日出版的《广告潮》专版，为此开辟了“广州4A论坛”，广东电台《城市之声》在“钟爱一生广告人”节目中，推出有关“广州4A”的话题，广州地区的各主要媒介单位也对成立“广州4A”表示理解和支持。筹备小组在多次酝酿的基础上，起草了“广州4A”工作条例，并根据“广州4A”工作条例所规定的入会成员条件，对报名申请加入“广州4A”的广告公司经营情况进行了认真了解，并经市广告协会批准，吸收了18家广告公司作为首批成员。

会上，代表们一致通过了《广州地区综合性广告代理公司委员会（“广州4A”标志，选举了“广州4A”第一届执行委员会，广州黑马广告公司总经理张小平被推选为执行委员会的召集人。

会上所通过的“广州4A”标志，是由4个耸立的深红色A字、白色中英文字及绿色的底色组成。4个A字代表4面深红色旗帜，表示广州广告业逐渐走向成熟，蒸蒸日上，广告更专业化，并以其全面周到的专业服务和杰出的创意服务于客户，逐步向国际惯例的广告综合代理制过渡。白色代表广州广告业的良好开端及其充满希望的前途。绿色底色代表和平与充满生命力，象征广告业务充满活力。　成言实摘自1996年11月10日《信息时报》

图5　关于1996年“广州4A”成立的报纸新闻

以广州4A协会为例，在协会成立之初，即有业界观点认为其吸纳了一些实力不足的广告公司成为会员，而一些专业化程度高、作业规范的广告公司反被拒之门外，使得协会的专业性受到了一定质疑。同时，在运行过程中，协会制定的很多规章制度未起到有效的约束作用，会员的执行力较弱，削弱了广州4A的权威性和引领作用。

地方4A协会的建立和运行，折射出了两个值得反思的问题：其一，是这些协会都建立在经济发展较快的地区，体现出了广告行业在全国范围内发展不均衡的特点；其二，是2005年前后，中国消费市场已经被全面激活，企业的营销需求不断下沉，全国性的广告业务已经成为广告主的普遍需求。广告公司要开拓全国视野，行业协会也需要建立全国视野，因此，拘泥于某一地理区域的行业自律组织，势必难以提高整个国家广告业的专业水平和竞争规范，亟须建立一个全国性的行业自律组织。

应运而生的“中国 4A”

如前文所述，从“地方 4A”到“中国 4A”的演进，绝非一词之差的生硬拔高，而是在顺应行业发展阶段特征和广告业务的全国化拓展基础上进行的具有历史意义的理念升级。成立中国 4A 的目标，可以归结为三点：其一，建立规范的行业守则和专业标准，对广告行业内生问题进行自我调整和修正；其二，发挥垂范效应，缩小广告公司在专业能力和服务水平领域的差距，推进全国广告市场的均衡发展；其三，应对复杂的产业现状，实现中国广告业跨越式转型和发展。要完成这一目标，以国际 4A 公司为主体的专业广告公司先行者自然不可或缺，加之中国商务广告协会和跨国企业、广告公司联系较深，将这些行业先行者组织起来，成立全国性的广告行业自律组织的重任，就历史性地落在了商广协和国际 4A 公司的肩头。

1. 什么是 4A？

最初，4A 一词源于美国，是“美国广告协会”（The American Association of Advertising Agencies）的缩写。据资料介绍，4A 起源于 19 世纪末的美国。

当时美国的广告界人士为了加强行业自律，整顿行业道德，在发达地区成立了一些广告业同人联谊会性质的组织——广告俱乐部。1914 年，广告主们整体退出，成立了美国广告主联合会。1917 年，广告公司一方也整体脱离，成立了美国广告协会，简称 4A，这就是全世界最早的广告代理商协会。[①] 成立之初，美国 4A 共有成员 111 家，总部设在纽约，在全美四个区域设置了 28 个分支委员会和 750 个不同层次的管理机构。

2009 年的官方资料显示，全美共有 11 000 余家广告公司，而美国 4A 成员囊括了包括奥美、智威汤逊、麦肯、李奥贝纳、天联等一流公司在内的约 630 家广告公司，协会在美国设有 1 200 多个办事处，全美 80% 的广告由协会成员公司创作，成员公司的广告经营额占全美广告经营总额的 75%，从业人员占 52%。[②]

由于美国 4A 具有广泛的影响力，它的名称已经演变为全球范围内符合专业规范、具备专业水准的广告公司的代名词，并有了国际通用的叫法“合格的广告代理商协会”。对于广告行业而言，美国 4A 最重要的贡献就是对成员公司收取客户媒体费用进行了明确约定（17.65%），在美国市场上有效避免了恶意竞争，保证了广告公司的服务专业性。

随着广告市场日益全球化，其他地区也纷纷效仿、借鉴美国 4A 的专业标准，并结合各地广告市场特点，在全球组建了多个本地化的 4A 组织，例如中国香港广告商会、中国台湾广告经营人协会、中国澳门广告商会等。这些协

① 艾辅仁：《话说“4A”之由来》，发表于《广告大观》，1997 年 2 月刊。

② 数据来源于美国广告协会官方网站。

会虽然名称各异，但都集合了当地最好的广告公司。

如本书开篇时所述，4A 的概念最初是随着跨国广告公司进入中国的。初期人们接触的 4A 就是指国际先进的广告公司，比如奥美、电通、智威汤逊等。[①] 这些公司处于广告行业的领军位置，代表着行业的最高专业水平。随着行业的慢慢成熟，大家对 4A 公司的认知更加清晰，4A 的概念逐渐从具体的公司，抽象为一种专业标准和业务能力的代名词，一提到 4A，代表的就是广告行业的专业性和高水准，从这个层面上而言，国际 4A 的理念，与中国 4A 是一脉相连的，中国 4A 坚持了美国 4A 对高标准和专业度的追求，需要解决的则是国际 4A 理念中国化的历史课题。

在这一前提下，中国 4A 的成立，绝非 2005 年心血来潮，而是经历了较长时间的稳步渐进过程。最初的形式为高端行业聚会和沙龙。例如，早在 1997 年，《国际广告》杂志就开始在北京举办“北京高级广告 4A 沙龙”，先后邀请国家相关主管部门，如国家工商总局、药监总局、质监总局等领导，与部分在京广告公司座谈，反映意见，沟通信息，提出建议，并指导工作，这就是中国 4A 的前身。同时，国际 4A 公司也开始频频组织一些专业性聚会和活动，莫康孙先生回忆说：“由于当时没有正式的组织名义，初期 4A 广告公司的聚会都是通过午餐或晚餐，进行小范围团体的聚会，只能聊聊商务，或进行针对培训项目的交流，还难以成气候。当年曾经在上海出席过午餐会的有陈一枬、苏秋萍、苏雄、刘胜义等多位来自新加坡与马来西亚等地区的

① 中国广告行业中，习惯于将一些美国 4A 成员，但自身的专业性和行业地位较高的国际广告公司也称为 4A，如日本电通株式会社等。

华人 4A 公司精英高管。这些精英们在国外都参与过当地的 4A 活动，都希望把 4A 的文化与水准带到内地，提升广告专业水平。”

现在看来，正是这些一次次非正式的聚会或沙龙，推动了后期中国 4A 的正式成立。成立工作的筹划，是在广告行业多位翘楚的共同努力下开始的。据莫康孙先生回忆：“记得那是 2004 年底，宋秩铭给我打了一通电话，希望探讨一下如何策划、成立中国 4A。接下来就是一连串紧锣密鼓的大小会议，印象深刻的是各种小范围碰头会。会议地点有时在某咖啡厅，更多时候是借用奥美等公司的会议室，对中英文命名、logo（商标）设计、始创单位、年度议案、拟定成立日期等问题进行一连串细节的讨论和明确，开辟了一条引领广告代理商朝着专业与未来方向前进的道路。”①

当时中国 4A 的创立者们有三个特点：首先，都是行业领军人物，有着较大的行业影响力；其次，创立工作源于对行业的责任意识和情怀，从一开始就立足公益，从未计较过个人得失；最后，无私付出了个人智慧和公司资源，是真正意义上的“有钱出钱、有力出力”。在这种通力合作的推动下，2005 年 12 月 17 日，中国商务广告协会综合代理专业委员会（简称“中国 4A”）正式在北京成立。协会对自我的定位是：由中国商务广告协会高端会员组成，是由中国（含港、澳、台地区）综合性广告代理商（包括国有、民营、合资及外资等）以及相关研究机构组成的非营利性自律组织。可以看出，“自律”、“非营利”是中国 4A 的主要特点。

① 摘自麦肯·光明广告有限公司董事长莫康孙先生提供的文章：《回忆中国 4A 的成立》。

2. 中国 4A 的使命

具体说来，2005 年成立的中国 4A 的使命主要有以下四个方面：

（1）知识的流通

中国广告公司发展不均衡的一个重要原因，就是专业知识和理论层面的差异，主要体现在两个层面：其一是国际公司与本土公司之间的知识差距，其二是国内发达地区广告公司与欠发达地区广告公司之间的知识差距。2005 年之后，虽然国际 4A 公司针对中国广告行业的大规模知识传递任务已经完成，但大量的本土公司依然存在一定的知识差距，有着向国际 4A 公司学习的热情。中国 4A 的成立，无疑搭建了一个广告公司之间彼此交流、互相借鉴的平台。对于 4A 成员而言，通过内部培训，能够直接取长补短，提高公司人员的能力。对于非 4A 成员而言，中国 4A 倡导的专业标准和门槛，实质上为所有广告公司树立了一个努力的方向和目标。

成立之后，中国 4A 开展了多次内部培训，这些培训面向 4A 成员，人数不多但规格很高。培训的讲师包括了 4A 公司的老总、创意总监等在广告业界颇具影响力的人物，比如宋秩铭、庄淑芬、莫康孙等，都曾亲自授课。与此同时，对于广告人才的培养和行业交流平台的搭建，4A 分别开展了“中国 4A 大师进校园”和“4A 高端论坛”等活动，取得了一定成果。

（2）扫除不正之风

美国 4A 是一个管理型协会，中国 4A 的创建，沿袭了其规范行业发展，避免恶性竞争的职能。而如前文所述，2005 年前后，正是中国广告行业瓶颈期，问题层出不穷。业界互相杀价、互撬客户、互挖墙脚、零代理、通过比稿剽窃他人作品、搞回扣等问题愈演愈烈，一方面引发了广告业的诚信危机，另一方面损害了行业的社会名声。因此，中国 4A 成立的宗旨中就明确提出："要建立规范的广告经营秩序，抵制不正当竞争，促进中国广告业健康有序地发展。"①

前工商总局广告司司长刘保孚先生曾专门提出中国广告业发展应该更偏重自律的观点。他强调说："管理是一种手段，管和理是两个概念，管的是在理当中遇到的问题，管要有说服力，你到底违反了哪条法律。我过去主张，可罚可不罚的尽量不罚，但是给消费者造成损失不行，这其中广告行业更需要加强自律。"② 从这一角度来看，中国 4A 实质上正是在尝试探索一种从行业自律角度完善广告管理的方式。

(3) 维护行业利益

中国 4A 将自己的宗旨描述为："代表和维护各会员单位的合法权益，扩大与加快中国本土广告企业与合资广告企业及国外同行的合作。动员号召会员单位为中国广告业的发展做贡献，使中国广告业成为有国际影响力的广告

① 具体来看，4A 协会规定的会员义务是，当一会员代理服务于某客户时，其他会员单位不得以降价或采取其他不正当手段恶性拉客户。中国 4A 会员所代理的媒体价格对外要一视同仁，各级媒体的刊例报价与其提供的最终价格要遵循公平、公正、公开的原则。中国 4A 成员针对 4A 内部资源可享有指定优惠价格。会员须加强自律，本着严肃、认真、负责的精神，参与广告主的竞标比稿活动，并尊重广告主公正的选择。

② 根据中国 4A 终身顾问、原工商总局广告司司长刘保孚先生访谈录音整理。

强国。”维护利益的核心，在于建立共同标准和攻守同盟，换言之，就是要制定全行业共同坚持的规则。没有共同的底线和边界，就不可能改变广告公司不受尊重的社会现实。例如，对于恶意杀价行为，如果没有价格的攻守同盟，不坚持价格底线，这种现象是不可避免的。其他类似恶意比稿等不良行为，在破坏市场竞争秩序的同时，也将广告公司的成本越抬越高，如果不加规范，最终必然会积重难返，令广告公司的发展不堪重负。

（4）打造 4A 品牌

广告公司擅长为客户打造品牌，然而有时却忽略了自身品牌的建立。例如，改革开放至今，诞生了无数耳熟能详的优秀广告作品，但能清楚说出这些创意出自哪家广告公司的从业人员却为数不多，普通消费者更是知之甚少，因此，广告公司自身品牌的建立，一直都是一个迫切而重要的工作。中国 4A 成立后，全面承担起了这一重任。

曾经的广告从业者，在美国广告业的黄金年代感受过广告带来的辉煌，但是在中国，广告从业者的职业尊严和幸福感却长期处于缺失状态，因此，“中国 4A”这四个字真正成为品牌，应该有如下三个特征：首先，中国 4A 代表一种荣誉。成员公司以能加入中国 4A 为荣耀，不仅自己感到自豪，旁人听到也会肃然起敬，这是品牌成功的第一个标志。其次，有了“中国 4A”这四个字背书，成员公司在竞标、签合同当中应该更加顺利，得到更多的认可，能够有效率地争取更多业务。最后，中国 4A 意味着品牌承诺，成功的品牌可以提升人们的信任感，中国 4A 可以给协会的会员、各家公司的客户、行业以及社会提供服务的承诺、专业的承诺和诚信的承诺，这也是4A品牌的核心。

从行业影响力层面来看，今天的中国4A已经完成了初步的品牌塑造工程，例如，越来越多的广告主已经将“中国4A成员”作为公司比稿、招标的门槛之一，体现了市场对中国4A品牌承诺的高度认可。

3. 成立之路

（1）4A如何在中国落地？

筹备初期，中国4A遇到的第一个问题就是要解释清楚“中国4A”的内涵。“4A”源自西方国家，在中国社会大众的眼里属于舶来品，代表的是高水准的外资广告公司。因此建立中国4A，首先要明确这4个“A”和国际上的4个“A”是否有区别？“中国4A”是中国人自己的高端广告行业协会，还是国际4A公司在中国的别称？

从字面上看，中国4A的英文全称是“The Association of Accredited Advertising Agencies of China”，其中以“Accredited”替换了美国4A中的“American”。“Association”即“协会”，《经济学百科全书》中写道，行业协会是“一些为达到共同目标而自愿组织起来的同行或商人的团体”。大家在同一行业，有共通的问题及利益，如何透过协会的力量，协力创造良性的产业环境，取得社会的尊敬，这就要求协会的运作必须有清楚、公开、透明的决策机制来形成共识，激发成员的参与感，共同出力为业界的健康发展尽份力量。由此可见，从协会的定位来看，中国4A的成立使命与美国4A一脉相承。

二者的不同之处在于，“Accredited”意为“公认的”、“可信任的”，中国 4A 以此命名，就是要求协会成员在这个行业的运营行为是被认可、被信任的。

面对中国广告行业竞争环境的混乱状态，规范和秩序一直是行业发展的瓶颈和痛点。如果行业中始终充斥着大量规模小、专业差的广告公司，甚至将街头传单、促销活动等都归为广告行业的类别，那么真正的广告人和广告行业就必然会受到社会曲解，甚至失去公众的尊重。因此，一个受到社会尊重的行业，首先应当是一个可信任的行业，中国广告行业迫切需要重塑这种信任感，其中既包括社会对广告人的信任感，也包括广告从业人员的自信和荣誉。从这个角度而言，中国 4A 首倡的“Accredited”，正是广告业最为缺乏的核心要素之一，即“要被社会大众所信任，就要达到真正的专业水平，要有所为，有所不为”。[①]

关于中国 4A 的 4 个“A”，还有另外一层意思，就是为中国广告行业服务能力树立标准。刘保孚先生将 4A 的含义解读为：4 个“A”代表了 4 个“一”：一流的服务，一流的创新，一流的诚信，一流的实力。四个“一流”既是中国 4A 的最高宗旨，也是对 4 个 A 的最好诠释。一方面，中国 4A 是中国广告代理商的高端组合，包含了所有在国内运作的大型国际广告公司，以及本土实力最强、规模最大的综合广告代理商，无论是从产出的作品，还是从行业影响力而言，中国 4A 都应当展现出行业的最高水平。另一方面，中

① 摘自中国 4A 终身顾问、奥美集团大中华区董事长宋秩铭先生提供的文章：《到底 4A 是什么——中国 4A 存在的意义》。

国经济要发展，就会要求有新动力、新事物来推进。这也是中国商务广告协会推动成立中国 4A 的基础优势与动因——符合中国经济改革开放提出的“走出去、请进来”的国策。

总之，明确了“中国 4A”一词的内涵，实质上就等于回应了中国广告业长期存在的边界不清、专业不强、诚信缺失等行业顽疾的解决之道。从这一意义上而言，中国 4A 是真正针对中国广告业发展问题而建立的，有中国特色的行业协会标准。

（2）四方筹集的协会资金

中国 4A 成立后面临的第一个难题，就是要解决协会资金的来源问题。成立之初，中国 4A 会员只有 28 家，每家仅收一万元钱的会员费，有限的经费在日常运营中自然是捉襟见肘。面对资金困境，创立者们采取了“两步走”的筹款策略：一方面，成员单位相互扶持，贡献了大量资源和人脉，另一方面，积极向外探索，寻求支持和合作。这其中，与互联网公司新浪和搜狐的合作，为发展初期的中国 4A 提供了有力的资金保障。其中，新浪在 2006~2008 年，为中国 4A 提供了三年的赞助；2009 年，搜狐又开始全面赞助中国 4A。据了解，互联网公司搜狐之所以会出资赞助中国 4A，在很大程度上是源于对后者宗旨和目标的认可。搜狐公司董事局主席兼首席执行官张朝阳先生在谈到与中国 4A 的合作初衷时说：“中国 4A 是中国广告代理商的高端组合，协会通过建立行业标准，树立专业的作业规范，引导各公司以一个更健康的方式发展广告业，提升整个中国广告行业的地位和社会形象，同时为中国广告业培养人才。4A 对广告主有着影响力，搜狐赞助中国 4A 能够实现共赢。”[①] 搜狐公司广告营销副总裁崔莉莉则表示：“4A 首先是一个高端组织，有 16 家外资公司，这些成员公司有着在海外成功的广告行业经验，和本土的优秀公司一起，能够为中国的广告行业奠定基础。中国 4A 还致力于培养更多的人才，引领行业继续往前走，与国际接轨……当时搜狐正是被这个宏伟的蓝图和目标打动，与中国 4A 建立了长期战略合作，为协会提供赞助。”[②]

互联网企业对于中国 4A 的重视和认可，一方面显示出中国 4A 成员在广告行业中的影响力，另一方面也确实值得我们反思。近年来，广告行业的长远眼光和开放意识与互联网企业相比确实相形见绌。互联网企业与中国 4A 建立战略合作，本质上是因为看到了广告在未来很长一段时间内都将是中国互联网最主要的商业模式，网络媒体经营的核心将是广告经营，因此才会不遗余力地通过赞助中国 4A 来了解广告市场，提升自身专业度。而反观广告行业内部，对于中国 4A 的成立，却有很多质疑的声音，甚至连中国广告协会等官方行业组织，也曾措辞严厉地予以定性和禁止。虽然这些障碍最终没有阻碍中国 4A 的成立，但这些不和谐的声音发自广告行业内部，这种“窝里斗”的无谓内耗确实值得我们深入反思。

为了回馈新浪和搜狐的赞助，中国 4A 每年都会为其员工举办 12 场专业培训，经过这样的培训，互联网企业对广告的认识有了很大的提升。由此也

① 根据搜狐公司董事局主席兼首席执行官张朝阳先生提供的访谈文字资料整理。

② 根据搜狐公司广告营销副总裁崔莉莉女士访谈录音整理。

可看出，协会和赞助商之间的合作具有双赢效果，而这种合作的持续，对于提升中国网络广告发展水平而言亦颇具价值。

中国4A给搜狐的赞助回馈（主要活动及项目）：

1、培训

- 全年共6场
- 由4A成员公司总监及以上级别专家担任讲师
- 其中3场培训采用搜狐走入4A公司的形式，针对三大媒介集团：**群邑、安吉斯、阳狮（实力）**

2、作为战略伙伴协助搜狐举办"Ad Voice 搜狐营销领袖峰会"

- 为峰会邀请国内外演讲嘉宾
- 在4A公司内部邀请观众（不少于100人）

3、与搜狐共同举办一次代理商圆桌论坛

- 邀请4A成员公司中媒介代理商副总以上级别担任论坛嘉宾
- 与搜狐邀请的代理商嘉宾及搜狐高管共同探讨行业发展问题

4、微博

- 积极鼓励4A成员公司在搜狐开设官方微博
- 邀请4A公司高管及知名创意人在搜狐开设微博

图 6　2012 年中国 4A 给搜狐的赞助回馈①

除了与互联网机构的合作，中国 4A 还积极探索与其他各类机构合作的可能性。例如，从 2011 年 8 月起，中国 4A 数次拜访杭州文化创意产业办公室，与之进行了多次深入沟通。双方约定自 2012 年起，中国 4A 将与杭州文创办合作，连续 5 年将金印奖"落户"杭州，举办奖项评审、颁奖晚会、论坛、沙龙、作品展映等活动。杭州文创办自 2012 年起每年提供 150 万元资金支持该项目。

总之，经过这样的四方筹集的努力，中国 4A 终于有了较为稳定的资金保障，日常工作也得以有序开展。

---

① 资料来源于 2011 年度中国 4A 第六届理事长总结报告。

(3) 毫不保留的资源付出

中国 4A 创立初期，由于资金有限，在筹办各类活动之时，创办者和首批成员公司的亲力亲为和资源贡献就显得格外重要。例如，中国 4Alogo 的设计工作，就是由时任麦肯 · 光明广告有限公司北京总经理莫康孙先生亲自操刀设计，几易其稿才最终确定并沿用至今的。

图 7　中国 4A 成立之初的 logo 设计稿

中国 4A 成立之初的 logo 为上图中的第一个，经过多次设计和商议之后，才最终在 2006 年“中国 4A 第二届第一次常务理事会”上从三个备选 logo 中，选出了上图中的第四个作为中国 4A 的正式 logo，可谓反复斟酌，优中选优。

今天看来，中国 4A 的这一红色 logo 在一个字体中融合展现了数字“4”和大写英文字母“A”，画面既简洁又醒目，有让人过目难忘的特殊魅力，谈及其设计理念，它的设计者莫康孙先生曾总结为“求同存异”：“很简单，如果你有机会看过全世界十个八个的 4Alogo 之后，你会发现一个现象，离不开 A 跟 4。但是怎样可以原创呢？其实是可以有原创的，每个人的笔迹不同，当时很简单，我加了书法的元素在里面，跟美国区别。主体颜色是红色，就像印章一样，是信誉的一个保证，虽然都是很简单的元素，但很独特。”①

除贡献设计智慧外，据粗略统计，4A 成员单位贡献的每年用于宣传中国 4A 的媒体资源，折合人民币超过 8 000 万元。对于讲本图利的商业公司而言，如此高代价的贡献确实意味着莫大的勇气和付出。又如，在首届 4A 金印奖颁奖典礼的筹备阶段，为了打响“第一枪”，时任中国 4A 理事长、奥美集团大中华区副董事长庄淑芬女士通过个人关系联系到中国台湾知名主持人蔡康永，请他担纲典礼主持人。后者曾笑称：“主持金印奖是他拿过的最低主持费。”除了邀请知名主持人外，很多演艺界著名人士都应邀义务担任颁奖嘉宾，例如，摩托罗拉代言人周迅、歌手周杰伦等，都是因为奥美公司或庄淑芬女士的多次沟通，最终同意免费出任颁奖嘉宾。知名主持人和明星的参与，大大提升了首届金印奖的社会关注度和娱乐价值。

图 8　2006 年第一届金印奖颁奖典礼

此外，首届金印奖还有一个细节值得一提：颁奖典礼转播当天需要很多现场的服务人员，活动开始前还需要至少 25 人。庄淑芬女士灵机一动，在

① 根据麦肯·光明广告有限公司董事长莫康孙先生访谈录音整理。

奥美内部发了一封邮件："今晚周杰伦是颁奖嘉宾，谁愿意来现场帮忙？"结果瞬间收到了 50 多封回信，顺利解决了服务人员不足的问题。庄淑芬至今在回忆这些往事时还颇有感触："第一次办完这个颁奖典礼，4A 上下老老少少都觉得很开心，尽管有很多限制，至少第一步踏出去了，各个环节都很有爱，也很顺利。"[①]

除了资金、人脉关系资源之外，中国 4A 成员还持续为协会的发展提供着人才和媒体等多种类型的资源贡献。例如，中国 4A 成立后，每年进行的内部培训，讲师都是从各个成员公司中遴选出的业界精英，这些人员不计报酬，牺牲个人休息或赚钱的时间和机会，这些贡献是无法单纯用货币来进行衡量的。

表 1 2006 年内部培训讲师认养情况[②]

公司	数量
奥美	5
麦肯	4
博达大桥	2
中视金桥	1
智威汤逊	1
灵智精实	1
群邑	3
阳狮	2
李奥贝纳	2
互通国际	1

① 根据中国 4A 第一、二、五、六届理事长，奥美集团大中华区副董事长庄淑芬女士访谈录音整理。
② 资料来源于 2006 年度中国 4A 重点工作理事单位及会员的工作支持情况报告。

此外，中国 4A 成员单位还积极整合贡献各自媒体资源，配合宣传中国 4A 金印奖、大师进校园等活动。

表 2　2010 年中国 4A 成员单位资源提供一览表[①]

单位	提供的资源	总计价值
分众	数码海报及 LCD（液晶显示器）资源	1 000 万元
思美	江浙地区电视媒体资源	2 001 225 元
实力	平面媒体资源	
群邑	北上广三地的大量平媒资源	
龙韵	广西和云南的电视媒体资源	710 000 元
中视金桥	央视资源	
奥美 Neo	优酷和 CSR 的广告资源	
搜狐	开设 4A 专题	
其他成员提供	各地区报纸、杂志等	
总计价值		超过 8 000 万元

总之，从中国 4A 成立开始，每一位创始人做出的贡献，无不体现出广告人的职业理想和行业情怀：从主动加班为协会绘制海报、设计 logo，到不计薪酬地为协会活动奔走，再到无私奉献自己的资源……正是因为每个成员都在为中国 4A 的成长添砖加瓦，贡献力量，才有了今天的中国 4A，而这一切，也体现了一个真正站在行业利益角度的协会应当具备的特质。

① 资料来源于 2010 年度中国 4A 第五届理事长总结报告。

4. 开宗明义树标准

（1）中国 4A 的“三本小册子”

根据刘保孚先生的观点：“4A 的成立，并不是要哗众取宠，也不是想排斥其他组织。4A 想要做的是一个自律性的组织：自我约束，自我管理，自我发展。”[①] 要实现这一目标，首先需要向全行业阐明中国 4A 对广告的理解，并在此基础上树立明确的广告业务标准。因此，中国 4A 成立之后做的第一件重要工作就是奥美的庄淑芬女士亲自编制完成了三本工作手册。其一是《中国 4A 标准作业手册》，详细规定了中国 4A 会员的作业规范；其二是《中国 4A 工作条例》，明确了 4A 会员的行为规范，明确了违反规范的会员面临的处罚；其三为《广告主手册》，为广告主选择和善用代理商提供了参考。

我们认为，上述三本手册，对于中国广告行业而言意义重大。主要有三个方面：

首先，手册为广告行业树立了专业标准和原则。一个受社会尊重的行业，首先必须是一个有专业态度和坚持专业标准的行业。明确专业标准，就是要明确行业“有所不为”的底线和边界。但是，中国广告公司鱼龙混杂，广告业务的范畴长期被曲解和泛化，导致了市场上确实存在很多没有原则、没有底线的“广告”行为，这些行为被归入广告业务范畴，势必会降低整个行业的社会美誉度，因此，在乱局中树立行业标准，规范工作流程，对于整个行

① 根据中国 4A 终身顾问、原工商总局广告司司长刘保孚先生的访谈录音整理。

业的健康发展就显得尤为重要。

其次，手册荟萃了行业高端人才对广告的理解。手册的编撰者作为广告行业的领军人物，并不是单纯代表自己，而是将这些在中国成长的4A公司于长期市场实践中积累的宝贵经验进行归纳和抽象，可以说全面体现了一线广告公司对于“广告业务”的理解，这些总结实属宝贵。

最后，手册做到了“两个结合”：其一是国际经验与本土市场的结合，手册中的内容，理论层面源自国际4A，回应的却是中国独特市场环境提出的实践要求；其二是理论和实践的结合，手册起源于广告理论，却非常具有实践落地的实用价值，对广告公司的日常工作具有很强的指导作用。做到了“学术论文”和“说明书”两种功能的有机结合。

总之，如果没有标准和依据，就谈不上行业的规范和自律。因此，中国4A三本手册的出台，很清楚地表达了广告专业的“有所为，有所不为”指的是什么，也详细地说明了真正专业的广告是如何生产出来的。可以说，有了这三本手册，中国广告从业公司才有了可以参照的行为标准和依据，才标志着中国广告行业“自律”大幕的正式开启。

（2）明确而严苛的入会标准

作为行业协会，对于入会成员的资质要求至关重要。如何制定入会标准，如何既做到吸引志同道合的高端成员加入，又避免曲高和寡的尴尬，成为中国4A制定入会标准的首要难题。在中国4A创建初期，刘保孚先生就曾明确指出：“如果想让4A在社会上产生较大反响，需紧扣两个基本点：一是国际

4A 公司要吸纳进来，二是入会门槛一定要高。”[①] 由此可见，中国 4A 的成员标准，首先是立足高端，然而，何谓广告行业的高端企业？不同的视角，会带来不同的答案。中国 4A 给出的这一标准，也经历了一个日益完善的过程。

成立初期，第一届理事长兼秘书长庄淑芬女士曾经在采访中这样阐述过加入中国 4A 的基本标准：“年营业额一亿元人民币以上，收入至少是 1 000 万元人民币，有三个以上的客户经营三年以上，在两个以上城市有分支机构，公司员工数量在 50 人以上。”[②]

这一标准用量化指标说明了何谓“高端的广告公司”，具有很强的可操作性。随后，在实际运作中，中国 4A 的入会标准越来越具体和明确，有些条款的门槛也有所提高，最终形成了目前要求的 9 个条件。[③] 中国 4A 规定，满足 9 个条件中 6 条的广告公司方可申请加入中国 4A，同时，还明确将第 3 项或第 4 项条件作为必要条件，也就意味着将成员的营业收入作为入会必须满足的硬性条件。

在这种“严苛”的标准下，2006 年共有 28 家广告代理商和媒体代理商成为中国 4A 的首批会员，其中包括 16 家国际代理商和 12 家本土代理商，具体名单如下表：

---

① 根据中国 4A 终身顾问、原工商总局广告司司长刘保孚先生访谈录音整理。

② 庄淑芬：《中国 4A ：开启广告自治时代》，载于《成功营销》，2005。

③ 中国 4A 入会要求：1. 由中国 4A 会员推荐；2. 注册资金不低于 1 000 万人民币；3. 公司年营业额在 3 亿以上（注：需第三方审计公司提供审计报告）；4. 公司年营业收入在 3 000 万元以上；5. 具有 5 个以上提供综合服务的客户；6. 在中国 3 个以上城市拥有分支机构；7. 公司已经营 5 年以上，能够为客户提供市场调查、广告策划、创意媒体发布能力的全面服务的广告公司；8. 公司员工数量在 100 人以上；9. 参加过金印奖报奖并获得过国际国内知名奖项。

表 3　中国 4A 2006 年成立之初的成员名录

国际代理商	奥美，智威汤逊，博达大桥，灵智精实，麦肯 · 光明，阳狮，达彼思，北京电通，盛世长城，实力传播，传立媒体，竞立媒体，灵立媒体，尚杨媒体，扬罗必凯，李奥贝纳
本土代理商	中视金桥，省广，北京广告公司，黑马广告，海润新时代，北京士邦广告，北京视新天元，分众传媒，互通国际，北京青腾联广，上海观唐广告，上海同盟

如果与中国广告协会的入会标准进行简单比较，我们就能更清楚地看出中国 4A 的“高端”体现在何处。中广协的入会标准中规定的具体要求为：“1. 依法成立且经营 2 年以上，并符合下列条件之一者：（1）年广告营业额在 600 万元以上的广告企业或其他具有广告经营业务的企业；（2）年广告营业额在 3 000 万元以上的媒体单位；（3）年营业额在 500 万元以上的广告信息服务机构、广告（市场）调查研究机构、广告器材与设备企业等单位；（4）年广告费投入在 500 万元以上的广告主。2. 具有社团法人资格的广告行业组织和其他相关组织。3. 与广告相关的教学及研究机构。4. 广告代言人（法人或其他组织）及年营业额在 500 万元以上的经纪公司。”① 由此可见，中国 4A 的入会标准无论从基础量化指标层面，还是在同时满足的标准数量上，较中广协而言都要严苛很多，这也就决定了中国 4A 在广告行业中的高端定位以及与其他协会的显著区别。

在此，我们比较的目的，并不是想要妄谈两种标准的对错优劣。我们认为，对于中国广告行业而言，这两种标准都不可或缺，因为由不同标准建立的两个平台具有各自不同的功能和特点。中广协的入会标准，有利于团结处

① 资料来源于中国广告协会网。

于市场中游的广告公司，将尽可能多的正规广告公司纳入这一平台之上，这些公司数量众多，且有一定的发展潜力，是值得引导、培养的广告行业的中坚力量。而中国 4A 的入会标准则明确瞄准行业的领军公司，这些公司一直是广告行业知识权威的代表，它们凝聚在一起，形成的是广告行业的高端平台，能够发挥面向全行业的示范效应，为大量中游企业树立追赶的榜样，对于中国广告行业的发展也很有帮助。因此，两个标准对应的两个平台，如果能够相辅相成、互为补充，做到“广泛团结，高端垂范”，必然对广告行业的健康发展大有裨益。

5. 多管齐下建品牌——中国 4A 成立之初的宣传和活动

2005 年 12 月 17 日，经过长达 5 年的酝酿和筹备，中国 4A 在北京正式宣布成立。与其他协会成立仪式不同的是，中国 4A 的首次会议进行得非常低调。据参与者回忆说：当时的会议地点就在北京奥美的“中南海会议室”，除参会的 50 多位广告界同人外，没有安排任何记者的采访与新闻发布。会议当天，奥美庄淑芬女士因为在业内的声望和在筹备前所做的突出贡献，被推选为第一届理事长兼秘书长。刘保孚先生和宋秩铭先生则被“免费”聘请为中国 4A 的终身顾问。

然而，这并不是中国 4A 成立进程的完成。2006 年 3 月 31 日，中国 4A 经过精心准备，在人民大会堂河北厅举办了隆重的成立仪式和新闻发布会，吸引了几十家媒体争相报道，引起了整个广告行业的广泛关注。

图9　2006年3月31日中国4A成立新闻发布会在人民大会堂举行

成立当日，中国广告网的新闻报道中，明确指出中国4A的愿景是“建立行业标准与规范，提升行业价值与地位，培养行业人才与能量”。[①]可以看出，从品牌塑造的角度，中国4A自成立伊始，就有非常清晰的诉求点，对外宣传和打造的品牌内涵也非常明确。对于一个新兴组织来说，这一点有助于提升公众对品牌认知的一致性和清晰度。而之后十年的发展也证明，中国4A确实做到了言行一致，践行了成立之初对行业和社会许下的品牌承诺。

除了媒体的官方报道之外，我们今天还可以从当时亲历者和广告人的讲述中感受到当年中国4A成立带来的悸动和兴奋。例如，中国4A首任副秘

① 资料来源于中国广告网，《中国4A”宣告成立——广告业联手创造美好未来》。

书长李艳曾这样描述成立会议的现场观感："50 多位广告界首脑的共襄盛举与室内飘扬的中国 4A 旗帜，让人有一种魂归组织的感觉。"[①] 由此可见，中国 4A 作为行业的自治组织，发自从业人员内心，从成立之初就非常能激发成员强烈的归属感。"回首中国 4A 从最初的酝酿，到 2005 年初的实施，再到最后的成立，跨越五年的时光，历经的种种困难，……从中国商务广告协会的更名历程，到某兄弟协会的反对呼声，正如一次次阵痛赋予了凤凰涅槃时的精彩与辉煌，也赋予了中国 4A 成立的必然信心。"这些十年前的文字，真实记录了亲历者在中国 4A 成立历程中"痛并快乐着"的心路历程，虽然困难重重，但有幸经历这一具有历史意义的行业大事，还是感到欣慰和难忘。又如，有广告人在博客上写道："从 4A 的规划内容来看，如果都能落实，本土公司能向外资学到不少东西，增强竞争实力。同时，外资迈出了进一步本土化的步伐，取得了更多代表行业半官方的声音。"[②] 这些文字体现出当年广告从业人员对中国 4A 的殷切期许。

除了隆重的成立仪式之外，中国 4A 还通过多媒体渠道，进行了一系列宣传和报道，从理论高度、行业层面和活动价值等方面进行了对外品牌宣传。

例如，协会成立之初，公关组积极负责日常新闻稿的发布和媒体专访。首任理事长庄淑芬女士从"广告行业自治"的角度，在很多媒体访谈中阐述了中国 4A 成立的背景、立场和使命。这些报道在专业期刊被多次转载，向业界说明了中国 4A 与既有广告组织之间的差异，中国 4A 想要完成那些独特的

① 资料来源于李艳博客，《李艳看 4A——中国 4A 组建始末（下）》。

② 资料来源于 AD 自耕农的博客，《参加中国 4A 广告的新闻发布会》。

历史使命，也从自治的角度形成了自我定位，实质上起到了塑造中国4A品牌独特性的作用。同时也在向外界反复传递一个简单明确的宗旨：中国4A重在“发挥自身的专业性、先进性与影响力，做中国广告行业的风向标。全体会员参加中国4A活动共同的想法是：提升自我，更好发展。”[①]

成功营销

中国4A：

开启广告自治时代

——本刊独家专访中国4A理事长庄淑芬女士

图10　中国4A成立初期庄淑芬女士采访稿

① 莫康孙：《4A公司思变》，根据2015（第十一届）中国广告论坛发言录音稿整理。

CHINA INDUSTRY & COMMERCE NEWS

中国工商报

用“心”去感受　用“大脑”去思索

2006 年中国 4A 创意金印奖广告论坛随笔

图 11 《中国工商报》对首届中国 4A 创意金印奖的报道

同时，对于中国 4A 主办的首届创意金印奖，多家媒体也进行了专题报道，其中既包括《中国工商报》、中国广告行业网等专业媒体，又包括新浪、搜狐等网络媒体，形成了全媒体覆盖、全社会扩散的品牌传播效应。

虽然这些报道角度各异，但均强调了 4A 金印奖设立的宗旨是“树立中国广告创意的最高标准，褒奖出色的广告创意”。新浪网的报道中，还引用了理事长庄淑芬的观点：“创意金印奖的出世意味着社会开始注重创意与创新，中国广告业已经酝酿出褒奖最佳创意的土壤，现在该是耕耘与收获的季节了。我们相信通过对最佳创意的褒奖，可以刺激中国创意文化的形成与发展，从而最终促成中国广告行业朝向更成熟的方向发展。”①

随着媒体环境的不断变迁，中国 4A 的宣传渠道也日益丰富。2010 年开通了官方微博，定期发布 4A 相关资讯，同时充分借助了社会化媒体，在开心网、豆瓣网以及视频网站中发布 4A 的信息，增加粉丝互动。再结合线下的论坛和活动，形成了中国 4A 品牌塑造的整合传播效应。

小结

2005 年前后，中国广告业发展日益成熟，行业发展不均衡、专业化水平差异较大、专业人才的缺乏、不良风气等内生问题也相伴而生，这些问题的解决，需要行业内部的领军成员团结起来，推动中国广告业从外在管理向自律约束过渡。因此，中国 4A 应运而生，是中国广告业走向成熟的必然结果。

如果说 20 世纪八九十年代，国际 4A 公司携先进的营销理论和专业知识进入中国，是中国广告行业的灵魂塑造工程的话，那么 2005 年中国 4A 的成立，就是此项工程的常态化。中国 4A 的成立，意味着中国广告业从向西方学习具体的理论和专业知识，上升到更加关注整个行业在世界观和方法论层面的塑造和提升，从初期的理论模仿和经验借鉴，上升到行业精神和专业理念的凝练和升华。在这一过程中，其实不

① 新浪财经：《创意至上中国 4A 创意金印奖正式启动》。

只是对于广告专业技能和流程的普及和推广，更有价值的是对于广告行业专业精神和灵魂的抽象和聚焦，标志着从“广告之术”向“广告之道”的提高和进化。经济环境、技术格局、媒体生态都会随时间变化，这些需要相应的“广告之术”与之适应；而“广告之道”则需要长期沉淀、长期坚守，这才是行业的灵魂。

综上所述，中国 4A 的成立和运转，实质上体现了中国广告行业灵魂塑造工程的常态化存在。正如莫康孙先生指出的那样，中国 4A 从酝酿到成立的过程，践行了设置的宗旨：建设一个在服务、创新、实力、诚信方面均具有高水准的专业广告同业组织；建立行业标准与规范，提升行业价值与地位，培养行业人才与能量，旨在成为最具社会影响力的行业组织；代表和维护会员单位的合法权益，扩大与加快中国本土广告企业与合资广告企业及国外同行的合作与交流；建立规范的广告经营秩序，抵制不正当竞争，促进中国广告健康有序地发展；推进中国广告逐步向符合国际惯例的广告代理制迈进；促进中国自主品牌的成长，走向世界，为国际品牌在中国市场上的发展贡献力量。①

① 莫康孙：《4A 公司思变》，根据 2015（第十一届）中国广告论坛发言录音稿整理。

第四章

高峰：十年探索的丰硕成果

早在中国4A成立之前，国际广告公司进入中国后，就始终深刻影响着中国广告行业的格局和走势。我们认为，以中国4A成立为分水岭，国际广告公司的影响可以分为两个主要阶段：

第一个阶段是20世纪九十年代开始到2005年，这一时期国际公司是广告理论和专业知识的“布道者”，先进的广告方法论和市场理念，为原本野蛮生长的中国广告行业带来了渴求已久的理论春风，解决的是中国广告行业的“理论空心化”问题。将广告企业从简单的写写画画，真正提升为具有较高专业门槛的知识密集型企业，为后续广告产业在现代服务业和文化产业中有所作为奠定了基础。

第二个阶段则是2005年中国4A成立至今，这一阶段本土广告企业和国际企业之间的知识差距有所缩小，中国市场的复杂性和媒体环境的多变性则日益显现，在一定程度上冲击了刚刚成形的广告市场格局，造成了整体行业的浮躁和茫然。这一时期，中国4A主要解决的是广告行业“标准空心化”的问题。环境越是动荡莫测，就越需要有一个“strong voice”[①]（强有力的声音）

① “strong voice”是访谈中智威汤逊－中乔广告有限公司亚太首席执行官唐锐涛先生在阐述中国4A作用的时候提出的核心观点。

来提醒全行业，什么是真正的广告？什么是专业的广告人？换言之，中国4A的十年历程，就是通过各种活动和渠道，创造并放大其“strong voice”的过程。

我们认为，中国4A的“strong voice”可以从以下几个层面来拆分解读：

中国4A世界观

从哲学层面来说，世界观是指个人看待世界、事物的方法，决定了人们如何看待身边的事物、如何处理问题等最基本的观念。从广告角度来看，广告人的世界观，决定了对于自我价值的认同和自我发展的定位，也决定着广告人的自我修养和发展愿景。例如，当前国内广告市场中存在的种种乱象，如恶意竞争、挖角、无节操营销等问题，本质上都是由广告人的世界观发生偏差而造成的。而中国4A成立后的一个重要工作，就是对全行业树立正确的广告人世界观。而历史证明，中国4A倡导的广告人世界观，就是尊重人，尊重消费者，尊重市场发展规律的世界观。

从本源层面分析，中国4A承袭了国际4A组织主张的世界观，尤其是对广告专业水平的坚持和广告道德底线的坚守，中国4A始终是按国际标准在要求会员单位。这种对于世界观的承袭和中国式创新，可以拆解为以下几个层面：

1. 4A 广告观

中国4A所倡导和坚持的广告理念是：广告要引导消费者。广告所引导的消费应该是更健康，更科学，更有利于人类文明的先进的生活方式，更有价值意义的消费，这其中更有先进文化思想的消费。所以，广告的创意在坚持源于生活、高于生活的基本原则的同时，更要以人为本，更要尊重消费者，广告的内容更要有的放矢，充满正能量。反对那种自吹自擂、夸夸其谈式的广告。中国4A成员公司大都在秉承这一观点和理念，为客户提供有价值、有意义的服务。

广告作业是一种创意活动，从策略到最后作品的发布，都是靠人来完成的。因此，正确的广告观对于广告公司来说尤为重要。同时广告又是一种信息传播方式，对社会大众的影响较为深远。如果没有正确的价值观指导，就会对大众的生活、社会文化、社会观念等产生负面的影响。

中国4A在广告观上的坚持和集体认同，来源于对广告先贤精髓思想的内化和实践。其中，奥美创始人大卫·奥格威的思想，占很重要的地位。例如，“绝对不要制作不愿意让自己的太太、孩子看的广告”，因此广告人员应当坚持高标准的社会责任：“讲事实，不欺骗，不要创作你不希望自己家人看到的广告”，① 以及“你不能让人因为对你不胜其烦才买你的产品，你要让他因对你的产品感兴趣而买它”。② 这些表达直白，却入木三分的观点，为广告专业人员树立了从事这一行业必须恪守的基本规则。我们看到，今天备受社会诟

①② 《一个广告人的自白（纪念版）》，大卫·奥格威著，北京：中信出版集团，2015年7月第3版。

病的广告泛滥、虚假广告、无节操营销等问题，归根溯源都是违反了奥格威早在 1962 年就曾明确提出的经典观点。因此，中国 4A 的广告观念，继承于先贤，并且无论广告服务的内容和形态如何变化，这些规则依旧有效，因为它们是这个行业内部的精神动力和思想财富。

中国 4A 走过的十年里，要求成员单位不能触犯的行为底线，都体现了对于奥格威广告观的坚守。[①] 例如，创意是一个很难界定的概念。有人指责广告在欺骗时，有的代理商会说这是一种夸张的手法，也有的代理商根本不在乎道德底线，用低俗粗陋的手法博人眼球。事实上，这些广告行为违背了 4A 的广告观，因此这些从业者最多只能算是“制作广告的人”，而绝不是真正的“广告人”。我们坚持认为，是否符合奥格威的广告观，在今天这个时代，依然是衡量一位真正广告人的最好标准。

对于广告观的恪守，在当今的时代显得尤为重要，原因有以下三点：其一，广告的边界始终被社会不断泛化和模糊，出现了很多不规范的广告行为，导致社会对广告的规则和边界存在质疑，广告人要树立行业尊严，首先就必须恪守自身的原则和底线。其二，媒体环境的快速变迁，冲击着广告人的知识体系和专业能力。“互联网 +”时代，关于“传统广告已死”的观点层出不穷，体验营销、病毒式营销、热点营销等新兴营销方式纷纷出现，对于基础薄弱，刚刚熟悉了纸媒、广电媒体特点的广告公司而言，由于面临着巨大的

---

① 中国 4A 的《标准作业手册》中明确提出：“我们必须记住，代理商的真正价值在于产出有助于产品销售的创意能力（以及发想的创意思考过程）。”广告公司提供的是专业的服务，是专业的广告代理商，这种专业定位不能改变。

服务能力升级压力，的确在很大程度上引发了广告人的自我怀疑和专业悲观，而要从容、理性地面对这一切，必须树立坚定的4A广告观。其三，是广告市场的整体失范，中国市场的极端复杂性，导致了国际4A秉承的广告代理制始终未能彻底落地。传统主流媒体受“泛政治化”管制的局限，新生的互联网又以“去中介化”为特点，同时，市场事件中，媒体机构越俎代庖，企业自媒体驾驭能力增强等变化，令广告公司的专业价值长期遭受一定质疑，所以其收费模式辗转于月费制、佣金制、提成制等多种方式之间，始终没有形成稳定、合理的模式。面对多重挑战，广告公司只有树立坚定的广告观，对自身价值有客观理性的认知，才能避免在混沌的环境中迷失自己，如若不然，盲目跟风的结果只会是阵地失守。

由此可见，4A广告观恰如当前阶段广告公司观念层面的“定海神针”，透过广告观，其实是要重新解读什么是4A的专业。奥美大中华区董事长宋秩铭先生曾对4A的专业性做过深刻反思：1. 对品牌的了解及建设；2. 对品牌或产品整合营销、传播的策略及创意的执行；3. 创意还是根本，但广告创意的形式已多样化，涵盖各种形式的内容；4. 媒体整合计划及执行；5. 我们提供服务的价值可以明确被评估。[①]其中可以看出，无论经济环境、媒体格局如何变迁，广告的目标和核心竞争力始终如一，把握了这些，才能把握这一行业的灵魂，才能在技术洪流和信息海洋中找到自身的定位和价值，否则就注定是随波逐流的浮萍。

---

① 摘自中国4A终身顾问、奥美集团大中华区董事长宋秩铭先生提供的文章：《到底4A是什么——中国4A存在的意义》。

因此，在4A的广告观指引下，思考当前的媒体环境变迁，我们就会发现，从纸媒到电视，再到今天的互联网，广告传播的渠道需要重新理解和适应，但广告作业的核心——创意其实并没有发生变化。按此趋势演进，未来媒体将无处不在，只要人们想传递信息，任何东西都可以作为媒体。在如此复杂的媒介环境下，广告公司应该做的就是提高学习和掌握媒介的能力，同时更要坚持自身不变的核心价值：通过创意，为客户达成塑造品牌的目标。因为无论媒体形态如何变化，只要有市场，有消费者，企业的广告需求就会一直存在。

对于核心专业能力的坚持，中国4A的成员们始终在进行着深入的探索和思考。例如，智威汤逊大中国区CEO（首席执行官）唐锐涛（Tom Doctroff）先生提出，现在的企业面对全媒体环境，更加需要保持信息传递的一致性。“互联网媒体上，一切行为和信息都是碎片化的，唯一能够拯救品牌的，就是一致性。”“互联网的出现不应该是冲击，而是一种机遇，企业发声的渠道越来越多，信息的传递更加多元。”因此，对于广告而言，“数字世界与物理世界的分界是没有实际意义的，二者真正的区别在于，一个是消费者被动去接受信息的媒介，另一个是消费者主动去接受信息的媒介，广告需要在比例上进行重新分配”。①

唐锐涛先生还指出：“如果盲目跟风，追求互联网这种新媒体，将部分广告业务分包出去，甚至让一些技术公司负责新媒体广告，结果很容易造成线上传播的信息与企业的品牌战略不一致，不利于品牌形象的管理。”因此，“国

① 根据智威汤逊-中乔广告有限公司亚太首席执行官唐锐涛先生访谈录音整理。

内很多广告主急于投放一些数字化的广告，因为他们觉得这样还有量化的指标，能看到表面的效果。这种投放偏好也反映了中国其实还没有真正意义上的大品牌，广告主对信息一致性的传递还没有具体的要求”。由此可见，媒体市场的繁荣，其实不代表广告行业的完全成熟，企业的广告观念、社会的广告素养，还处于一个全面调整的阶段，在这一时期，广告公司更加需要的是坚守住自身的价值观点，增强自己统筹信息在各个渠道传播的能力，而不是在互联网技术带来的阶段性冲击中迷失自我。

奥美的庄淑芬女士也表达了与此类似的观点：“digital is everything（数字化就是一切）——数字化其实是一种技术、一种工具，它应该融进广告作业的每一个流程中，每个广告人都要熟悉互联网这种媒体形式，无论运用何种平台，其核心都是内容，所以我们说：内容为王。”①

总之，应对环境变化，广告公司要保持自身核心竞争力，不能盲目放弃自我价值而进入混乱的竞争。认清自己的专业定位，做专业的广告代理商，为广告主服务，这就是中国 4A 十年来坚持并时刻向业界传递的广告观。

2. 4A 客户观

广告公司角色的特殊之处在于它是一位“代理商”，决定了广告公司代表的是客户的利益。一个简单的例子，很多人看了好的广告，只会记得广告

① 访谈中，奥美集团大中华区副董事长庄淑芬女士讲述了奥美数码化部门设立过程中出现的问题：“奥美早在互联网崛起之前，就建立了一个数码化部门，专门负责互联网数码技术的发展。而后来发现，这样将数码与传统彻底割裂，反而不利于公司数码思维的培养和转型，庄淑芬表示这是奥美的一个失误。

主，不会去想作品出自谁手。但这也恰恰是广告公司追求的效果，甘为绿叶，陪衬红花。尤其在中国，广告公司的地位明显较弱，比如当商品管理不严格，导致很多假冒伪劣产品出来做“小广告”时，专业的广告公司还承担了不少骂名，同样，人们只看到经济增长有多快，而鲜有人去细数其中广告的功劳。

广告公司就是默默无闻的幕后人员，一心帮助客户赢得市场。

这种客户观也很好地区分了专业广告公司和媒体公司的区别。有人说未来最大的广告公司是百度、Google（谷歌）这样的互联网公司，面对这样的疑问，宋秩铭给出了这样的解释：“它们具有广告的功能，但是它们还是代表了自己公司的利益，是媒体公司。这就好比电视台设立一个广告公司，它有能力做广告，但是它代表的是电视台的利益，所以并不能被称为一个专业的广告公司。他们是站在运用资源的角度拓展广告业务，而我们是站在客户的角度去使用媒体资源。”①

真正的广告公司，无论是做广告策划还是媒介购买，都是站在客户的角度工作，现在很多4A广告公司开始与互联网合作，利用新媒体资源，这些都是为客户考虑。

除老牌国际4A之外，本土4A公司的客户观十年间也在不断提升。例如，吉广传媒集团创始人、投资人王启民先生认为：“从中国4A的宗旨来看，4A公司和客户的关系应该是一流服务的伙伴，一流诚信的盟友，一流创新的智囊，一流实力的后盾。因此要以合伙人的思维，休戚与共，荣辱同担，站在

① 根据中国4A终身顾问、奥美集团大中华区董事长宋秩铭先生访谈录音整理。

客户发展角度，去洞察变化的市场，去激发终端消费者，实现客户品牌和消费者的融洽互动，精准满足消费者需求，进而实效为客户创造价值策划。”[①]

以创意为本，以广告为基，为市场服务，为企业负责，做广告主实效的伙伴，这就是中国 4A 的客户观！

3. 4A 人才观

人才流动率较高是中国广告行业的一个通病，尤其近年来在互联网的冲击下，大量广告人才流向互联网企业和广告主，广告公司在大学生理想职业选择中的位置近年来亦有所降低，在一定程度上引发了外界对于广告公司发展前景的忧虑。其实对于 4A 公司而言，其企业文化中有很大一部分是对于人才的观念和看法，中国 4A 成立后，将这些观念向全行业进行推广，实质上就是对全行业广告企业文化的一次提升。

4A 人才观包括两部分内容，其一是广告人才的行为规范。与 4A 广告观类似，4A 人才观的基本立意也来自国际广告公司的前辈先贤。例如，日本电通株式会社的前社长吉田秀雄曾经提出“鬼才十则”[②]，这既是对广告人才基本

① 根据吉广传媒集团创始人、投资人王启民先生提供的文字资料整理。

② 电通“鬼才十则”包括：1. 工作必须自动去寻求，不应该被指派后才去做；2. 工作应该抢先积极去做，不应该是消极被动的；3. 积极从事大的工作，小的工作只有使你的眼界狭小；4. 目标应该放在困难的工作上，完成困难的工作才能有所进步；5. 一旦从事工作，千万别放弃，不达目的绝不干休；6. 争取主动，因为主动与被动之间经过长时间的考验有天壤之别；7. 你要有计划，唯有抓住长期计划才可以产生忍耐，花工夫去做，才可产生朝正确方向走的希望与毅力；8. 信任自己吧！如不能信任你自己，工作时将不会有魄力，难以坚持不懈，也不会稳重；9. 应该时时刻刻动脑，全面地观察和考虑，不容许留下一丝空隙，这就是服务；10. 摩擦才是进步之因、推动力的源泉，否则你将会变得懦弱无能。

素质的要求，又是广告人在工作中应做到的十条守则。对于电通而言，“鬼才十则”已经成为其最具代表性的企业精神名片，是电通人的行为规范，多年来为电通造就了一大批具有主动积极、自信自强、坚忍不拔精神的人才。对于广告行业而言，“鬼才十则”已经成为培养广告从业人员的指导原则，充分体现着4A人才观的精髓。

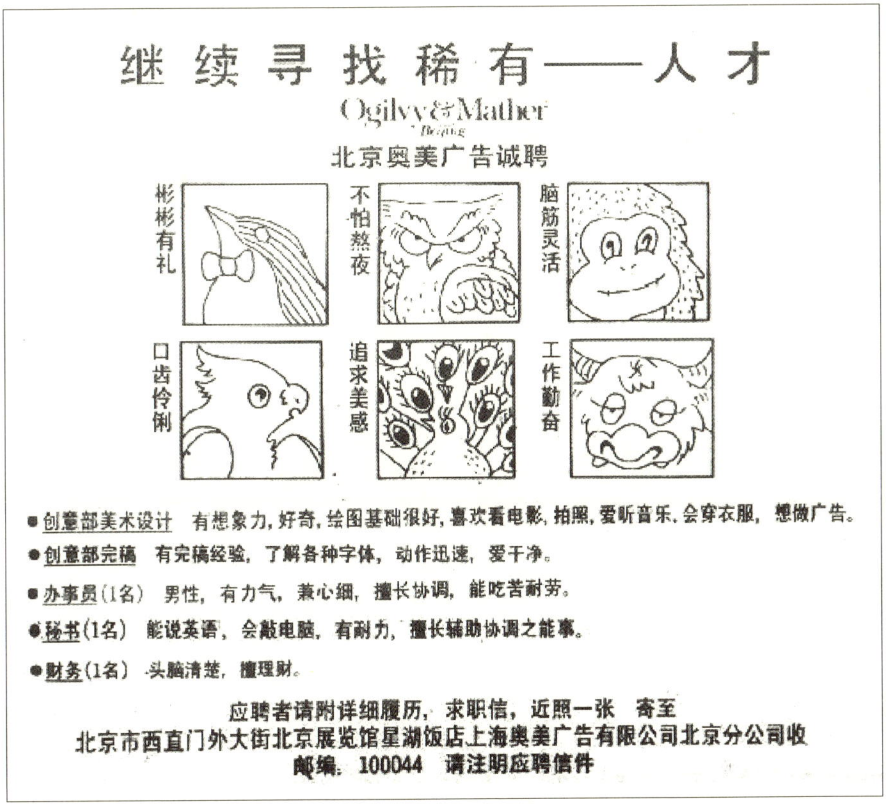

图12　20年前奥美的报刊招聘广告

与电通类似，奥美的人才行为规范和标准不但非常明确，而且还有很强的延续性，这一点从奥美的人才招聘广告画面中就可略见一斑。奥美将自身对人才的理解归纳为：寻找“稀有动物”。20年前，奥美在报刊上发布了一系列用动物的特征表现其用人标准的招聘广告（如图12）。这些广告诉求明确，生动形象，即使在今天看来，依然能够令人眼前一亮。

然而我们认为，奥美人才观中，最令人称道的是其对人才标准的常年持续坚守。例如，2015年9月，奥美启动了2016新兵计划，相比20年前的传播方式，这次的新兵计划充分利用了移动媒体平台，以最新的H5（第五代超文本标记语言）界面为载体，表现形式可谓新颖，但是如果我们仔细观察，会惊奇地发现，招聘广告中对专业广告人素质的描述，与20年前简单的平面广告非常相似（如图13）。

一个成熟的企业，当其企业文化成形，发展进入稳定的轨道之后，其人才标准和行为准则也会进入长期稳定的发展阶段。奥美最新的招聘广告，用与时俱进的传播模式搭载历久不变的用人标准，展现出的正是一种属于成熟企业的“百年老店精神”。正如广告中所提及的那样：“想要成为什么样的人，就要和什么样的人在一起。”4A公司的人才观念，可能并不适合所有人，而只是为了吸引那些“会坚持一个更贴近自己梦想职业”的“稀有动物”。也正是因为稀有，在广告行业中此类人才才更显得弥足珍贵。

其二是广告公司的企业文化。弗朗西丝·凯尔恩克罗斯（Frances Cairncross）曾在《经济学人》杂志（*The Economist*）中提出：“成功的普遍特点是有意识地对企业文化的创建。”中国4A成员与其他广告企业的不同之处亦在于企业文化层面的差异。以奥美为例，奥格威曾从以下四个方面描述奥美的企业文化：其一，奥美是一个工作的好地方；其二，我们把我们的人当人看；其三，尽量让员工把他们的才能发挥到极致；其四，我们给经营管理人员极大程度的自由和独立活动的余地。而与此相应地，奥美也提出了对人才基本素质的几个主要要求，包括：第一，举止文雅；第二，对客户诚实，以及最重要的，对消费者诚实；第三，工作勤奋，客观认真；第四，反对打“伪学院腔”。①

图 13　“2016 奥美新兵计划”H5 广告界面截图

① 《一个广告人的自白（纪念版）》，大卫·奥格威著，北京：中信出版集团，2015 年 7 月第 3 版。

由此可见，4A 人才观体现的是国际广告公司中国化进程中形成的企业文化，这是中国 4A 公司的无形品牌资产，也是中国广告行业普遍需要弥补的短板。4A 人才观的推广，目的不是要建立千人一面的公司文化，而是要真正从广告公司内部建立尊重人才、培养人才的机制。奥格威曾将奥美比作一所“实习医院”，投入大量时间和金钱进行人才培训，这种公司与从业人员相互成长的机制，值得本土广告企业借鉴和学习。

链接——奥美的礼物

奥美十分注重公司文化的培养，每年 6 月 23 日是奥美的 D.O.Day (David Ogilvy Day)，即创始人大卫·奥格威的生日，每年的这一天，奥美都会在纪念他的同时，弘扬奥美文化。

2005 年的 D.O.Day，宋秩铭先生给员工送出了一份精美的礼物——恐龙（如图 14）。

此恐龙雕塑是隋建国先生（中国现代雕塑家）的作品《中国制造》(*Made in China*) 的缩小版。限量 3 000 件，其中 2 000 件提供给奥美大中华区，1 000 件为隋建国先生自用。

在给员工的邮件中，宋秩铭对此礼物进行了如下解读：“对我而言，红色的恐龙及 Made in China 两个元素放在一起，是相当有趣的。中国市场的崛起，将会重新调整世界政治、经济的环境，未来中国市场规模将会是史无前例的。尤其是我们处于数人头的行业，更是如此。

图 14　2005 年“奥美的礼物”——恐龙

恐龙是地球上生存过的最大的爬行动物，由于过大而无法生存，直至灭绝（未被证实的一般说法）。奥美在大中华区是最大的传播集团，因此，在中国内地的发展还会更大，在规模上，还有更多的空间可以成长。

在 D.O.Day 送恐龙，希望这是一个提醒：规模并不能确保生存。何以生存？在于我们本身的生命力，我们的作业质量，我们的客户满意程度，我们的员工是否有一个愉快的工作环境和我们的灵活性及弹性。”①

① 摘自 2005 年中国 4A 终身顾问、奥美集团大中华区董事长宋秩铭先生写给奥美员工的邮件。

小结

在广告的具体运作中，技术会发生变化，媒介会发生变化，但是唯独广告观应当是稳定不变的，虽然大卫·奥格威坚守的广告信条是20世纪70年代提出的，但仍然适用于今天的广告环境，或者说，在今天浮躁多变的市场中，广告人更要坚守这种广告观。

中国4A一直坚守并倡导这种价值观：广告作品的底线是不能触犯受众，要做让受众喜欢看的广告。广告人的边界是专业的广告代理商，以促进客户的销售为最终目的。广告作业的原则是坚守创意的核心地位。

中国4A方法论

方法论是人们认识世界和改造世界的根本方法。对于4A公司而言，方法论就是它们帮助客户解决产品营销问题的理论和工具，这也是其业务能力具有专业性和先进性的集中表现。在中国4A十年历程中，4A公司的方法论及其所创造的经典案例为中国企业市场营销活动的规范化、专业化做出了不可磨灭的贡献。

1. 理论模型

国际 4A 公司在全球范围拥有几十年甚至近百年的营销实践经验。在深厚的实践基础上，各家 4A 公司结合经典营销理论纷纷构建了属于自己的营销理论模型。

（1）奥美：360 度品牌管理

奥美作为营销理论的引领者，在 20 世纪 90 年代初提出了 360 度品牌管家理论。品牌管家意味着营销人员理解消费者对产品的感受，并将之转化为消费者与品牌之间的关系。奥美认为品牌是消费者所有相关经历的总和，在 360 度管理的过程中，营销人员必须预见消费者与品牌的每一次接触机会，分别设计需要传达的信息。为了建立 360 度品牌，营销人员开始就应当以品牌团队形式进行工作，在同一个原则下进行思考，产出一个“Big Idea”（大创意），进而选择接触点，加强品牌在人们生活中的融入度，确保所有可执行元素间的相互影响，实现品牌与消费者的联结最大化。

为了便于激发营销人员 360 度思考，奥美还创造出了奥美罗盘。罗盘共分割为 6 个部分，每个部分涵盖该部分的主要元素，中心部分是较战略性的，越往外部，元素可操作性越强，最外面的边缘，是与消费者的接触点，是品牌呈现自己的物理地点。①

---

① 资料来源：奥美 360 度品牌管理，http://www.cnbm.net.cn/member/do34148431.html。

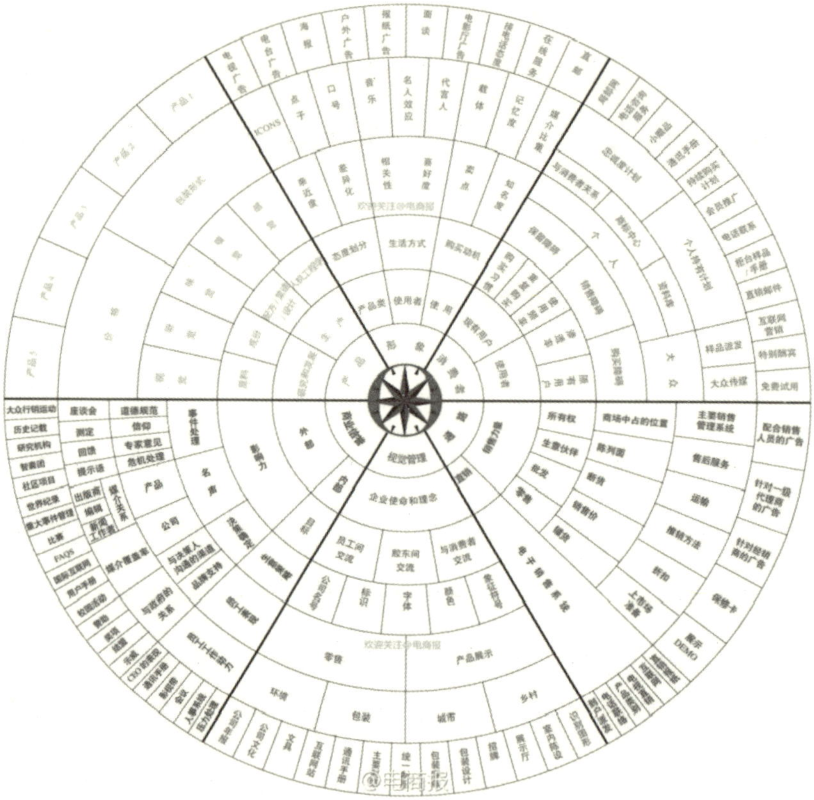

图 15　奥美 360 度品牌管理罗盘

早在 2001 年，奥美公司就曾经运用奥美 360 度品牌管家为伊利公司提供精彩的广告策划方案。利用奥美罗盘，奥美公司首先列出了伊利品牌与消费者所有可能的接触点，帮助客户改变以往传播必须依靠大众媒介的认知。因为伊利的品牌定位为都市中的自然感受，所以在广告投放媒介的选择上，奥美公司刻意突出了都市自然的概念。奥美公司建议伊利集团在城市中的花园、街心公园和绿色旅游景点认养草地，包装成商亭，占领都市中一切与自然相关的事物；同时命名、赞助植树节和其他环保活动，参与更多的与自然、绿色相关的活动。这样的选择使得伊利的广告投放不再局限于电视、报纸等传统渠道，降低了广告的投放成本，同时也帮助伊利不再错过平时所忽视的品牌接触点，以更富有创意的方式接近消费者。[①] 奥美公司的媒介选择体现了其 360 度品牌管理的理念。

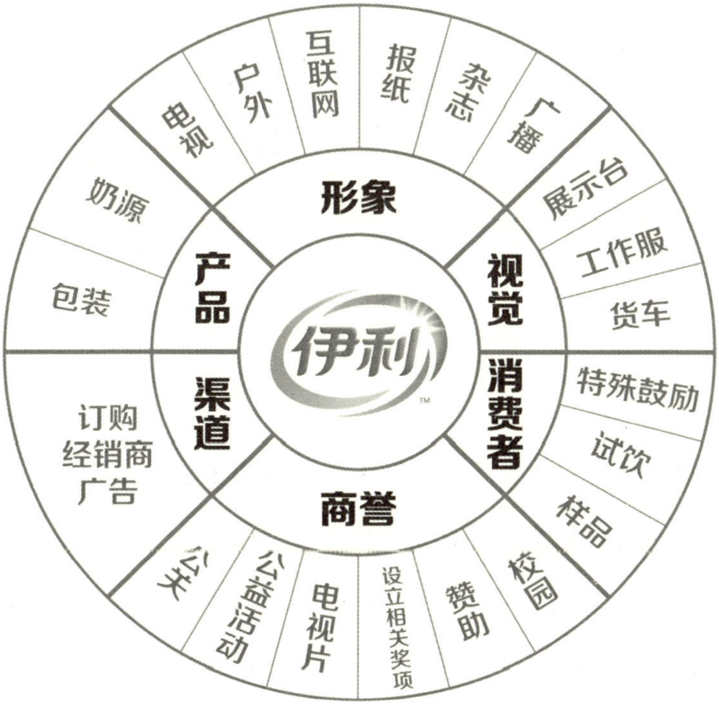

图 16　伊利的 360 度品牌传播

① 资料来源：奥美为伊利做的宣传策划案，http://vdisk.weibo.com/s/z9sk7JVa-b9QD。

表 4 阿迪达斯公司奥运营销活动渠道策略

时间	2007 年 12 月	2008 年 1 月	2008 年 2 月	2008 年 10 月
沟通目标	· 活动预热 · 制造话题 · 唤醒需求 · 激发目标群体兴趣、好奇心	· 活动发布 · 用户体验 · 用户注册、反馈	· 用户体验 · 用户注册、反馈 · 获取潜在客户 · 忠诚度维护	· 深化品牌印象 · 忠诚度维护
沟通渠道	· 活动预热网站 · 阿迪达斯官网 · 网站页面横幅广告 · 病毒式视频 · 电子公告牌 / 博客 · 搜索引擎 · 搜狐阿迪达斯频道 · 公关	· 活动网站 · 阿迪达斯官网 · 网站页面横幅广告 · 病毒式视频 · 电子公告牌 / 博客 · 搜索引擎 · 搜狐阿迪达斯频道 · 公关 · 电视广告影片 · 店头	· 活动网站 · 阿迪达斯官网 · 网站页面横幅广告 · 病毒式视频 · 电子公告牌 / 博客 · 搜索引擎 · 搜狐阿迪达斯频道 · 公关 · 电视广告影片 · 店头 · eDM	· 活动网站 · 阿迪达斯官网 · 电子公告牌 / 博客 · eDM（电子直邮） · 呼叫中心 · 公关 · 店头

奥美公司为阿迪达斯公司制定的奥运营销策划也是 360 度品牌管理应用的经典案例。该策划案最突出的特点是直销营销与大众传播相结合。针对不同时间段的沟通目标，选择不同的传播渠道。在渠道选择上，奥美公司并不局限于大众媒体，实体店、活动网站都发挥着重要的传播功能，在发挥实际销售作用的同时承担起品牌传播的功能。具体传播渠道如表 4 所示。[①]

（2）智威汤逊：全方位品牌传播

比肩奥美的 360 度品牌管家，世界上第一家广告公司智威汤逊也提出了属于自己的方法论——全方位品牌传播。简而言之，全方位品牌传播就是将

① 资料来源：奥美出品——2007 阿迪达斯奥运营销策划案，http://vdisk.weibo.com/s/za_5_6g9Fm_Bf。

具有洞察力的策略和突破性的创意天衣无缝地熔接在一起，再发展为创意出色且高度灵活的广告作品，使其适用于任何媒介。它由4个核心要素组成：消费者洞察，品牌远景，品牌意念，传播计划。与一般意义上的消费者洞察不同的是，智威汤逊认为消费者洞察应该关注每一个具体的人，然后去寻找他们的共同点，而不应该描述一般意义上的抽象的消费者，他们相信有效的信息是通过个人及个性表现出来的。在根本且敏锐的消费者洞察的基础上建立的是品牌远景，品牌远景能够为产品所代表的和能够满足消费者什么样的需求来下一个统一的定义。智威汤逊要求一个品牌远景必须是独有的，必须将品牌与竞争对手区分开来，它必须定义清晰、尖锐，从而给予所有市场活动以明确的焦点。接下来的要素是品牌意念，它能够给予品牌含义沟通方式，即怎么样；使品牌有与众不同的创意表达，即是什么。最后一个元素是传播计划，智威汤逊强调传播计划不仅局限于媒介计划，后者是数据性的、分析性的，而传播计划应该是媒介和创意的结合。

耐克公司和智威汤逊在全球范围内长期拥有合作伙伴关系。2004年，耐克发起的广告运动正是得益于智威汤逊的全方位品牌传播，同时这也是4A公司帮助国际品牌在大陆成功的杰出案例。智威汤逊在洞察消费者习惯中发现，中国的青少年一直生活在一个相对压抑的环境中，但是正处在青春期的孩子更希望通过张扬的个性来肯定自我价值。而耐克背后的篮球运动正是孩子们展现自我的一个重要舞台。这样，智威汤逊帮助耐克制定了“解放自我，打出最好！”的品牌远景。基于这样的品牌远景，智威汤逊帮助耐克公司发起了两场广告运动。第一场广告运动围绕篮球明星易建联展开，广告片鼓励在球场上打球的孩子像易建联一样勇敢地迎接挑战。如果说第一场广告运动点燃了年轻人的参与热情，那么接下来的第二场广告运动则为年轻人提供了一个大显身手的舞台。耐克赞助了全国高中生篮球联赛，在活动中进一步曝光品牌，并向消费者直接展示耐克最新推出的两款球鞋。① 智威汤逊基于对中国年轻消费者的洞察，为耐克公司提出了解放自我的品牌远景，最终通过全方位的传播计划加以落实。

智威汤逊手中另一个全方位品牌传播的经典案例是夏士莲。智威汤逊通过深入了解头发的种种问题对消费者的生活和心理带来的影响，发现头发问题可能会给消费者带来尴尬、担心、嫉妒等负面心理认知，而夏士莲洗发露可以在关键时刻防止发生头发问题。② 基于上述洞察，智威汤逊提出了“在你最需要的时刻，夏士莲就是你的救星”的品牌理念，并设计了“室友篇”、“讲座篇”、“保龄球篇”三段广告，将夏士莲产品去油、柔顺、黑亮的产品功能巧妙地对接消费者可能产生的头发需求。

（3）电通：AISAS 模型

近十年间，电通公司在方法论方面的探索非常具有时代价值。主要表现在两个方面：其一是强调消费者研究，对消费者购买行为的影响因素进行了持续关注和研究；其二是紧扣传播环境的变迁，重视媒体环境与消费者行为之间的相互影响。最能体现这两个特点的，是电通公司针对美国广告学家

①② 《智威汤逊的智》，唐锐涛、劳双恩著，北京：机械工业出版社，1998 年 12 月。

E·S·刘易斯在1898年提出AIDMA营销法则[①]进行的升级和调整，提出了具有互联网特质的AISAS模型（如图17）。

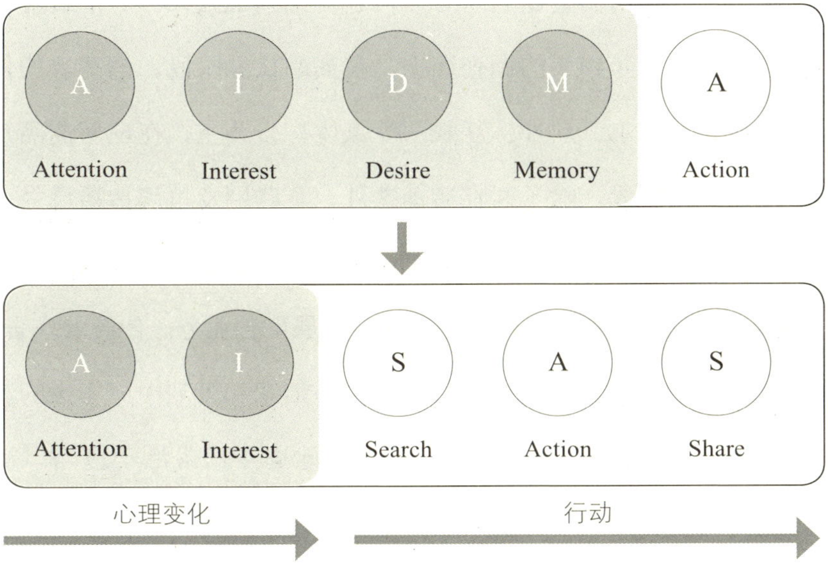

图17　从“AIDMA营销法则”到“AISAS消费者行为分析模型”

AISAS模型的最大特点在于，这是首个针对互联网与无线应用时代消费者生活形态的变化提出的消费者行为分析模型。此模型将消费者的购买过程分为5个步骤：Attention（引起注意），Interest（引起兴趣），Search（进行搜索），Action（购买行动），Share（人人分享）。其中，对于用户搜索和分享行为的关注，显示出电通对于互联网环境下消费者主动性提升和口碑传播影响

① AIDMA是消费者行为学领域很成熟的理论模型之一。该理论认为，消费者从接触到信息到最后达成购买，会经历这5个阶段：Attention（引起注意）、Interest（引起兴趣）、Desire（唤起欲望）、Memory（留下记忆）、Action（购买行动）。

力加大等新趋势的重点关注，为应对这些变化，传统单向地向用户灌输营销理念的做法将不再奏效，广告公司的业务必须增加新媒体和互动性。

据了解，这一简约模型建立的背后，是一系列细致入微的消费者行为调研。根据电通公司常年积累的调查数据，在商品认知阶段，消费者的信息来源以电视、报纸、杂志、户外、互联网等媒体广告为主；在理解商品及比较探讨和决定购买的阶段，除了亲临店铺之外，互联网及口碑传播已经成为消费者的主要信息来源与决策依据。对于广告活动而言，这一模型的意义主要有以下两点：其一，从消费者行为的角度来开展广告业务。传统的广告活动，出资人是企业，宣传主题是产品，广告公司在创意和策划中，考虑的起点往往是广告主。而电通的 AISAS 模型的推广，建立了广告活动应当以消费者行为为起点的全新理念，这对于今天这个信息爆炸、注意力稀缺的时代而言非常必要。其二，强化了消费者“接触点”的概念。传统的广告接触点简单而明确，覆盖大众的电波、平面媒体，用传播的高覆盖性解决了信息不精准的问题。而 AISAS 模型的每一个环节，都能够细分为具体的消费者信息接触点，可以清晰地看出处于不同阶段的消费者接触广告信息，做出购买决定时所采用的信息渠道和行为，这就为广告活动的针对性开展提供了理论支撑和借鉴。

总之，电通的 AISAS 模型清晰描绘出了受众购买行为不同阶段的心理变化过程。在此基础上，可以针对每个过程提出有效的媒介形式，根据不同消费者接触点的特征来选择媒体类型，旨在使消费者产生最大限度的心理变化，是互联网时代广告公司传播策略精细化指导的一次创新。

(4) 麦肯：光明品牌足迹

隶属于IPG集团的麦肯·光明公司也拥有自己营销利器——品牌足迹。品牌足迹是对某一品牌的意义及其个性的宣言，它由品牌价值与品牌个性两个相互联系的部分构成。更精确地说，品牌足迹必须能够：1. 包含该品牌的三个主要意义；2. 反映这三个意义的三个重要个性特征。所谓品牌的“意义”，是指一个品牌在消费者心目中产生的印象，即该品牌在几个层面上的声誉。品牌意义至少是由三个层面组成的：首先是基本层面，是品牌的连续性层面，我们可以将其解释为品牌与过去的联系，也可以说是品牌以及与品牌有关的产品之间的联系；其次是情感层面，是描述品牌与消费者之间情感联系的层面；最后是方向性的层面，是关系到品牌将来发展的层面，这一层面中的内容感觉更类似于品牌管理者的意向。麦肯·光明认为发展品牌足迹的过程大概分为五步：1. 发现该品牌的现有联想意义；2. 找出竞争品牌的“足迹”；3. 找出品牌的意义；4. 找出品牌的个性特征；5. 修正已完成的“品牌足迹”。

本土企业“美的”的品牌塑造与麦肯·光明的品牌足迹模型密不可分。首先，麦肯·光明回答了美的的品牌价值究竟是什么。麦肯从产品本身的特点出发，发现当温度过高或过低时，人的不适感来自气候的不协调，空调的作用在于创造人与自然的和谐。夜深人静的时候，空调的噪声产生了不和谐，因此，美的空调致力于降低噪声的过程，同样是追求和谐的过程。因此，所有美的产品都将“追求和谐”作为其第一个品牌价值。

美的的第二个品牌价值在于顺应时代潮流。美的从 1968 年生产电风扇、空调，到股份制改造、采用事业部制以及事业部公司化运作的整个发展轨迹，体现出来的企业精神就是求变与创新，美的的成功以及未来的发展就在于顺应时代的潮流。此外，经过麦肯 · 光明的消费者调查，空调类别是消费者低关注度产品，消费者对空调产品功能、技术特点缺乏认知，决定消费者购买的往往是空调的价格以及款式。麦肯在调研的过程中发现，经销商对于美的的信心来自性价比，因此美的的第三个品牌价值是物有所值。[①] 在品牌价值的基础上，麦肯帮助美的确立了“创造和谐”的销售主张。该主张聚焦于舒缓现代都市人们的紧张与压力，享受舒适的生活，从而引起人们情感上的积极反应。麦肯 · 光明的品牌足迹工具帮助美的集团发现自己的品牌价值，确立了能够获得市场认可的销售主张，有力地帮助了美的集团的品牌建设。

对比奥美、智威汤逊、电通、麦肯 · 光明四家典型 4A 公司的理论工具，我们不难发现，4A 公司的理论工具虽然发源于不同风格的广告公司，但有三个共同点都被大家所强调。

首先，4A 公司的理论工具都强调从消费者出发，认为一切广告创意和广告策略都始于对消费者的洞察。奥美的 360 度品牌管理需要尽可能地发现品牌与消费者的所有接触点，智威汤逊全方位品牌传播的第一步就是消费者洞察，而麦肯 · 光明公司所说的品牌价值也指的是品牌在消费者心目中的形象。

其次，4A 公司重视品牌的力量，正如奥格威将塑造品牌作为广告活动的

---

① 资料来源：麦肯 · 光明—美的品牌策略，http://vdisk.weibo.com/s/Fb84RBriKwBYY。

主要目标。4A 公司理论工具的作用对象不是客户的企业，也不是客户的产品，而是客户的品牌。品牌是整个营销方法论的着力点，所有营销工具都围绕品牌与消费者的关系展开。4A 公司期望通过塑造强有力的品牌来带动企业的整个营销活动。

最后，4A 公司的方法论突出整合的作用。奥美公司的 360 度品牌传播不再局限于传统媒介，而是要求注意日常生活中消费者与品牌的所有接触点，同时通过设计这些接触点的信息传播来实现品牌对消费者的影响。智威汤逊的全方位品牌传播更进一步，在整合不同媒介的基础上，其"传播计划"部分还强调媒介渠道与创意信息的整合。4A 公司方法论上的共同点是整个广告行业在方法论上取得的共识，对于本土广告公司有着重要的示范意义。无论是本土广告后来操作的策划案例还是本土企业自身的营销活动，都体现着从消费者出发、重视品牌、整合传播的原则，可以说 4A 的方法论为中国大陆的营销事业树立了标杆。

2. 标准流程

4A 公司的方法论并不局限于理论模型，在与客户的实际接触中，为了确保项目执行的专业性，4A 公司还建立了标准化的作业流程。从为客户提供简报开始到最终的实施投放，每个工作流程都有着标准化的操作规范和执行情况评价，整个工作流程如图 18 所示[①]：

---

① 达彼思中国：《广告公司客户服务的内部运作流程与运作方法》。网址：http://wenku.baidu.com/link?url=vkevGiQFpJyalRJlSxIuJnUz_DoX284vCCwP1lzI1_HHoagpcx0ZxdPwYpXtTXFyaefAHr-5HP1GKLDyko1OGErIPzbZ_TQ_1YQcmnyRAju

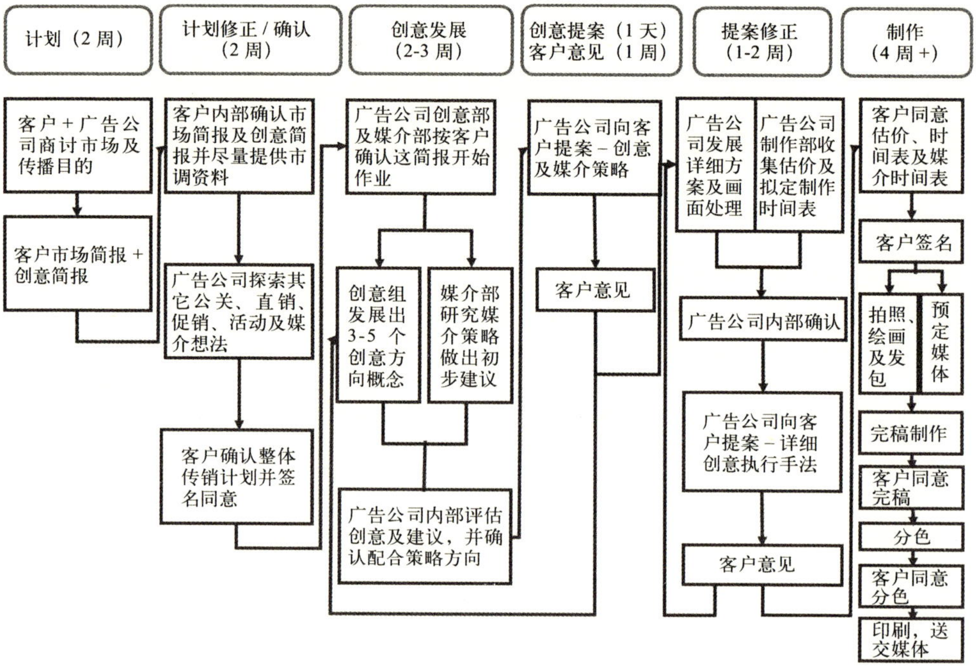

图 18　4A 广告公司标准工作流程

在确定标准化的流程基础上，以奥美为代表的 4A 公司还设置了专门的流程部，来协调各个部门之间的关系，确保各项工作能够在规定期限内顺利完成。该部门员工的职责包括：开具工作卡，此卡是广告公司内部工作的起点；根据工作卡，流程部需要实时跟催每项工作的进度，并进行相应的成本控制；最终存档公司的广告作品。流程部如果能够顺利发挥穿针引线的作用，无疑能够在很大程度上确保广告公司各部门按照标准化流程作业的顺畅和高效。

从总体上来说，4A 公司的工作流程及相应的流程部门呈现出以下特点：

首先，职责明确，分工精细。在公司内部，至少会设置客户部、策略部

（有时与客户部合并）、创意部、媒介部等核心部门。

其中，客户部负责与客户进行沟通，将客户的简报传达到公司其他部门，并尽可能地收集行业资料、客户产品资料；策略部负责撰写广告策划，并向媒介部说明广告策略，向创意部提供创意简报；创意部负责最终的创意表现；媒介部制订相应的媒介计划。各个部门彼此之间分工，覆盖整个作业流程，没有交叉重叠，职责清晰，同时各个部门负责的内容基本聚焦于一个版块，不同类型的业务都得到了专门的广告部门负责。

其次，时间充裕，反复修正。从广告公司流程图中我们可以发现，一个广告作品的诞生从客户提供简报到最终的广告执行，整个流程耗时至少超过12 周，这就为广告公司和客户进行决策提供了充分的时间。在超过 12 周的时间里，从最初的创意简报到最终的广告实施，其间至少存在 4 个环节可以对广告作品进行修改。第一，在创意简报诞生初期就需要客户进行确认；第二，创意部制作的广告作品需要在广告公司内部进行审评；第三，广告公司完成提案后，客户有 1~2 周的时间可以对广告方案进行修正；第四，广告作品正式制作之前，客户还需要进行最终的确认。

如此充足的创作周期，降低了广告公司决策发生错误的风险，反复修改也更好地保证了作品质量，使广告能够更符合客户的要求。

最后，强调规范，注重细节。4A 公司对于整个作业流程中细节的控制是其专业性的重要表现。例如，在客户部接受客户简报时，4A 公司就明确规定客户部不得擅自向客户承诺最终的交稿时间，同时，4A 公司的客户经理也会有意识地培养客户确立合理的时间概念，不能一味地向客户提出的时间期限妥协，而一定要为保证广告作品的质量争取合理时间。这体现了4A公司作为专业的策划创意机构，对于规范化作业流程的坚守，也是专业广告人自信和自我尊重的表现。此外，在沟通细节方面，4A公司不允许创意部直接将创意作品初稿交给客户部，而是要先交流程部确认，之后再由流程部将作品呈交客户部。如遇特殊情况不能按流程进行，客户部也须将作品复印件留给流程部，才能拿走广告作品。

总之，4A公司根据专业广告业务的普遍特点，制定了标准化的工作流程，这些环节如齿轮般彼此咬合，相互承接，保证了广告公司部门之间职责明确、结构稳定，在降低决策风险的同时保障了创意质量，为制作出创意精品，更好地满足客户营销需求提供了有力保障，同时，对于一些工作细节的精细化规定，也进一步凸显了4A的专业性。

然而，应当指出的是，标准化流程的建立，对于广告公司的整体运营和管理而言，确实益处良多，但对于突发问题的处理速度和解决问题效率方面，却有一定的不利影响，尤其是面对互联网环境下稍纵即逝的营销机会，固定不变的流程就不免显得冗长而低效，关于这一问题，本书后文将会详细论述。

小结

十年发展历程中，中国4A秉承了国际公司在长期的市场实践中探索建立的营销工具和作业流程，结合中国本土的实际需求，成功帮助国际品牌融入中国市场，扶持本土品牌茁壮成长，助力中国的广告业务运作步入科学化和规范化轨道。这些方法论和作业流程，不但在过去30年间具有较强的理论领先性，而且对于现在及未来的营销实战仍然具有指导和启发意义。

中国4A十年活动

中国4A作为中国目前最具影响力的广告同业组织之一，成立十载以来致力于通过一系列大型活动的举办，促进行业内外的交流合作，探寻行业问题的解决之道，推动中国广告行业不断发展，为中国广告行业做出突出贡献。从活动类别上来看，主要包括以下四个方面：

其一，创意支持。创意是广告的源头，是广告人为之向往又赖以生存的一种独特资源。为了坚守创意的阵地，坚持高标准高要求，中国4A发起了中国4A创意金印奖，严格甄选并褒奖优秀作品，被誉为广告行业评奖标准最高的创意奖项。

其二，人才培养。只有优秀人才不断涌入，才能为广告行业带来源源不断的生机。早在2007年，中国4A便通过开展“4A大师进校园”活动以及公司内部培训计划，通过“前浪”带领“后浪”，“后浪”启发“前浪”的方式，不断提高广告行业的人才质量。

其三，理论引领。提供有效的交流平台，探讨行情，引领理论，是中国4A作为行业高端组织不可推卸的责任。伴随着金印奖的举行，中国4A还举办了高端论坛等系列活动，组织业界精英齐聚一堂，积极分享、深度沟通，为中国广告行业发展出谋划策。

其四，影响力扩张。对内，中国4A致力于推进广告业在中国的地位，对外，中国4A则力求增强中国广告行业的国际影响力。2013年，中国4A承办戛纳“中国日”论坛，代表中国广告业面向世界打响了清脆的一枪。

1. 中国4A之金印奖

随着中国广告行业的不断发展，广告评奖活动如火如荼，可谓“乱花渐欲迷人眼”。全国各地广告评奖活动数不胜数，地区级的、行业级的，策划类的、创意类的……而广告评奖活动趋向泛化的结果就是奖项越来越多，但具有高专业水准，能够代表广告行业最高成就，真正具有影响力的评奖活动却寥若晨星。

“中国4A创意金印奖”虽然诞生于遍地开花的广告奖项之中，但却始终特立独行，坚守“标准”二字，褒奖“创意至上”的“足金”作品，以树立中国广告创意的最高标准为宗旨，建立了在广告行业中的重要位置。

（1）孩提——蹒跚学步

2005年12月，中国商务广告协会综合代理专业委员会，即中国4A成立；2006年9月1日，“2006中国4A创意金印奖”正式启动。这两个坐标标志着一场志在为中国广告创意设立最高标准的“革命”风暴登陆。

首届金印奖面对广告（代理）公司、制作公司和广告主，征集在中国大陆地区投放的广告作品。只要在中国大陆正式播出过，不管制作的团队是香港、台湾地区，乃至国外，都可以参加此奖项的评选。奖项设置与国际惯例接轨，共设影视、平面、广播、传统户外、创意媒体、包装、网络互动、整合传播八大类，每一类都各设金、银、铜奖（包括系列作品）。此外，在各类别评选出的金奖作品中，还将评选出一个年度全场大奖。金印奖的评委阵容囊括了亚太区广告界享有盛名的国际 4A 和本土顶尖广告公司的执行创意总监及总裁。评委会分传统广告和互动广告两组，以“创意品质”为评选的最高原则，封闭式地集中审定创意作品的“生死”。①

金印奖举办之前，中国的广告奖项已不胜枚举，为什么金印奖又要来“凑热闹”？对于这一问题，时任中国 4A 理事长的庄淑芬女士的回答可谓一语中的：“我们当时想的就是，应该从行业的标准来告诉大家，严格的、好的广告创意的标准是什么。中国 4A 创立金印奖的初衷是以国际化的标准，褒奖具有国际水平的创意作品，以此树立中国广告业的创意风向标。我相信随着未来金印奖的发展，它不仅会是国内广告人展示无限创意的舞台，还会成为国际了解并认可中国广告业的重要窗口。”②

众所周知，办活动不可缺少的因素之一就是财力，金印奖选择在协会成

① 张雯、蒋海瑛：《创意金印奖，要做中国的广告奥斯卡——访创意金印奖负责人郑重桥先生》，发表于《广告大观》综合版，2006（10）。

② 根据中国 4A 第一、二、五、六届理事长，奥美集团大中华区副董事长庄淑芬女士访谈录音整理。

立之初启动，就难免会面临财务上的拮据，为了这一句“严格的、好的广告创意标准”，当年所有的参与者都倾注了自己的全力。评委会没有自己的办公室，就由成员公司解决；没有人力，就发动成员公司的员工帮忙……尽管所有的付出都是自发性、无回报的，却没有任何异议的声音。

“当时我们内部成员启动这项活动的时候，就在奥美的‘天坛’和‘地坛’（会议室名称）。正式对外发布是在人民大会堂，我那时候坚持一定要在那，因为是高规格嘛，虽然我们那时候很穷，但是场面还是要做到的，大家都很兴奋。”[①] 庄淑芬女士如是说。

从2006年的情况来看，当时金印奖评审的专业细节已经十分完善，但是外界并不熟知，因此金印奖的颁奖典礼对于其知名度的提高至关重要。为成功举办这一重要活动，首批中国4A成员做出了大量无偿付出。除前文提到的动用个人关系力邀明星和知名主持人加盟之外，当时协会成员之一的传立媒体还找到了旅游卫视，说服旅游卫视对颁奖典礼进行直播，并承诺一定的广告赞助，而这些广告赞助又由其他的协会成员进行“认养”，通过各公司的共同努力，完成了广告赞助的目标。

“2006中国4A创意金印奖”的52个类别中仅产生了4个金奖，评委会对于标准的严苛和宁缺毋滥的勇气引起了全场震撼。这些具有极高的含金量的金奖得主分别为：智威汤逊广告公司的户外类作品——耐克“跑的自由”系列广告，和影视类作品——耐克“2008ing”系列广告；奥美顾客关

① 根据中国4A第一、二、五、六届理事长，奥美集团大中华区副董事长庄淑芬女士访谈录音整理。

系营销的网络互动类作品——德国大众奥迪 Q7“玩转你的版图”和摩托罗拉“Moto 口型模仿在线大赛”。空缺如此之多的金奖，是以往任何中国广告奖项从未出现过的，这一特点深刻反映出金印奖对创意品质的至高追求，令金奖显得弥足珍贵。此外，颁奖典礼还揭晓了 30 个银奖、48 个铜奖和 50 个佳作奖。

2007 年金印奖的奖项设置更加趋于精细化，其显著特点之一就是增设了传统媒体创意运用类及创意工艺类奖项。时任中国 4A 理事的莫康孙先生见证了金印奖最初的改变：“设置创意工艺奖是为了推动专业工艺的提升，因为只有专业的工艺才能让好的创意变成现实。而传统媒体创意运用类奖项则是鼓励有创意地运用传统广告媒体。”①

现在看来，2007 年两类新奖项的设立让金印奖褒奖“创意至上”的理念得到了更好的贯彻，使其建立了从常规到互动，从平面到影视，从创意策划到制作实施的完整评选体系，显示出金印奖的权威性和严密性。一个月的时间，共有 59 家广告公司向第二届金印奖组委会提交了参赛作品，值得一提的是，许多非 4A 成员公司投稿积极性也很高，显示出广告行业对金印奖影响力和权威性的日益认可。

2008 年 12 月 7 日，在中国 4A 理事会和成员单位的共同努力下，第三届“中国 4A 创意金印奖”颁奖典礼在中央电视台第八演播室璀璨绽放，金、银、铜及万众焦点的全场大奖花落其主，中国广告界精英以及众多演艺界名

---

① 根据麦肯·光明广告有限公司董事长莫康孙先生访谈录音整理。

人共襄整晚热情澎湃的创意盛会。经过激烈的角逐，共评出9项金奖、35项银奖及57项铜奖，其中包括特别设置的创意工艺类金奖2项、银奖7项和铜奖12项，另有72件作品获得优异奖，其中，大量的幽默广告成为广告人展示无限创意的舞台。

三年的孩提时代，让金印奖在蹒跚学步中成长，翻越过那些磕磕绊绊，努力向着更加辉煌的未来前行。

（2）茁壮——步步为营

经过年复一年的努力，金印奖的发展开始逐渐步入正轨，评奖类别和规则不断完善，作品质量和参与积极性不断提高，组织者的不懈努力也打响了金印奖和中国4A在中国广告界的知名度。一年一度的金印奖，既是对创意作品的检验，也是对广告行业的专业水准和创意水平的一次年度考核。而历年金印奖的主题，也集中折射出了中国广告创意发展变迁的趋势。

广告奖项通常分为两种——创意奖和实效奖，实效奖在评选时要综合考虑创意、市场计划以及最后的销售成绩，而创意奖看重的是创意，要最纯粹的精神出品。

从诞生之时，中国4A金印奖的主题就非常纯粹——围绕创意，不断弘扬新的创意理念，展示中国创意最高水准，树立中国广告创意风向标。回顾十年的历程，每一届金印奖的举办都为其以后的发展奠定了基础，积累了经验。金印奖不仅承载着中国4A的期望，同时也承载着许多中国广告人的期望，即希望金印奖在未来能够发展成为中国的“戛纳广告节”。例如，刘矜兰女士提出："2009 年的时候，我们提出向戛纳学习，戛纳广告节是一个节，一周的时间所有的广告人都去那里，我当时就特别有冲动，想把这件事情做成，我们的金印奖实际上希望能够学习戛纳，把它作为一个节，大概三天的时间，我们在那里搞论坛、作品展，举行沙龙，活动更丰富了。"①

表 5　2006~2014 年金印奖主题一览表

年份	主题
2006	"好创意就是死不了"
2007	"看了有感觉，才叫有创意"
2008	"是吹是牛？一比就知！"
2009	"IDEA 就招硬通货"
2010	"创意争'鲜'"
2011	"不要忘记创意"
2012	"创意者生存"
2013	"有种你就来"
2014	"拍什么都不如拍脑袋"

时代在变迁，金印奖的改变亦有目共睹，然而坚持不变的是金印奖"严格甄选最佳创意"的初心。逐渐步入正轨的金印奖不但对获奖广告作品要求严苛，在评委的选择上也有着格外严格的标准。以 2010 年第五届金印奖为例，这届奖项打造了堪称中国广告"梦之队"的评审专家阵容：DDB（恒美广告）中国的首席创意执行官狄运昌先生担任传统广告组的评审主席，上海 AKQA 公司的执行创意总监约翰 · 瓦基迪斯先生任互动广告组的评审主席。

① 根据中国 4A 第三、四、七、八届理事长，中视金桥国际传媒集团董事长兼首席执行官刘矜兰女士访谈录音整理。

而创意媒体组的评审主席则由中视金桥国际广告有限公司的副总裁刘旭明先生担任。各明星评委们秉承“金印奖”之“专业、公正、权威”的传统，在西湖旁经历了数轮“唇枪舌剑”，其间也经历了数次反复讨论，最终仍有多个奖项金奖“空缺”，体现出明星评审们对好创意高标准的严格坚持。

图 19　中国 4A 创意金印奖评审现场

良好的口碑、优秀的举办质量，也为金印奖赢得了更多实力强大的合作伙伴——搜狐作为中国 4A 独家网络合作伙伴，与中国 4A 已有长达 6 年的合作，为中国广告业的发展做出了积极贡献。2011 年 12 月 9 日，第六届中国 4A 金印奖颁奖典礼在北京艺术区 798“D-Park 第一车间”隆重举行，300 名业内知名的创意人、广告人齐聚一堂，共同揭晓了本届金印奖“不要忘记创意”的评奖主题，见证了中国广告业至高荣誉金印奖的熠熠光华。作为本次典礼的独家赞助商，搜狐公司的相关负责人都对金印奖给予了高度评价和期望。例如，搜狐公司市场营销副总裁曾怿女士曾将金印奖的价值概括为：“4A 协会推出的金印奖，评选出了许多优秀的作品，成为中国广告人展示创意的舞台，同时推动了中国广告行业更加成熟稳健的发展，树立了中国广告业的创意风向标。”[①] 搜狐广告营销副总裁崔莉莉女士认为：“我觉得金印奖应该是创意人的一个最高荣誉了，这个事情肯定是要坚持做下去的，无论媒介形式如何组合，大数据对人的追踪如何理性化地肢解，其实最终还是要回到被用户感性地感知到。所以我觉得金印奖的举办是特别需要，这是它的重要性。第二个方面是在这个过程中，金印奖培养并发掘了一些优秀人才，为优秀人才制定标准，有一个引航的作用，这是它的必要性。”[②]

图 20　2013 年金印奖杭州盛会

2012~2014 年，金印奖三年落户杭州，思美传媒股份有限公司董事长朱明虬先生回忆起金印奖落户杭州的起因经过，至今仍充满欣慰：“金印奖的评审连续三年在杭州，那有没有可能把金印奖整个过程落户杭州呢？这样的话，对杭州这个城市也有一定的影响力。杭州市政府对文化产业的期望值也很高，非常期望能够把更优秀的东西引进杭州。当时我跟几位大佬提了这样的想法，他们很赞成，于是我直接和杭州市宣传部文创办的陆政品主任沟通，向他介

① 根据搜狐公司市场营销副总裁曾怿女士提供的文字访谈资料整理。

② 根据搜狐公司广告营销副总裁崔莉莉女士访谈录音整理。

绍了整个 4A 协会和金印奖，介绍了这个组织以及这个奖项对于中国广告行业的影响。杭州市政府对这些非常有兴趣，陆主任也亲自跑到广州跟刘大师（刘立宾先生）他们开会，进行探讨。当时刘大师、宋秩铭先生、刘司长（刘保孚先生）和刘总（刘衿兰女士）为这件事情起码跑了两三趟，到杭州跟文创办的人开会，最后这件事才终于能够定下来。”[①]

中国 4A 金印奖落户杭州三年间，做到了“同时同地却不同样”：例如，第七届金印奖活动增加了中国广告行业发展趋势论坛、广告人沙龙、广告饕餮暨往届作品展映等活动，较以往的金印奖颁奖活动更为专业，内容更加丰富和深入。

第八届（2013 年）金印奖为了顺应广告发展的新潮势头，特别新增了“微电影类”这一奖项类别，以鼓励新事物的发生和发展，同时还隆重推出了“广告主大奖”，这是经过中国 4A 内部多方讨论后，以“提振行业士气、加强服务双方沟通”为目标设立的，对有品质的甲方进行权威认定的一个奖项，由广告服务公司提报广告主名单，最终中国平安、联想、苏宁易购、别克、三星共同获得“2013 年中国 4A 年度最佳广告主”大奖。

第九届金印奖的影响力创下新高——此次金印奖引起了业内广泛关注，颁奖典礼就有数十家媒体进行了报道或直播。

九年来，中国 4A 金印奖不断宣扬创意理念，通过获奖作品展示中国创意最高水准，不仅具有鼓励行业发展风向标的作用，对于国家所鼓励的文化发

① 根据思美传媒股份有限公司董事长朱明虬先生访谈录音整理。

展、自主创新亦有着积极影响力和推动力，一步一脚印，金印奖的每一步都为中国 4A 的成长，为中国广告行业，留下了不可磨灭的印记。

(3) 反思——成长之路

金印奖已经伴随中国 4A 走过近十年光阴，曾经的稚嫩青涩逐渐褪去，随着影响力的不断扩大，金印奖的参与度得到了提升，作品数量从第一届的 486 件，到近三届逐渐稳定在每届 1 000 件上下，这一变化历程不仅仅是量的提升，更意味着参赛作品质的飞跃。一路的成长，金印奖从茁壮少年走向成熟，而“反思”便是成熟阶段的产物。无论是金印奖的主办者、参与者，甚至是关注者，并未安于现状，而是始终在不断发掘金印奖存在的问题，不断向着更高的目标追求，期待着金印奖再一次的华丽转变。

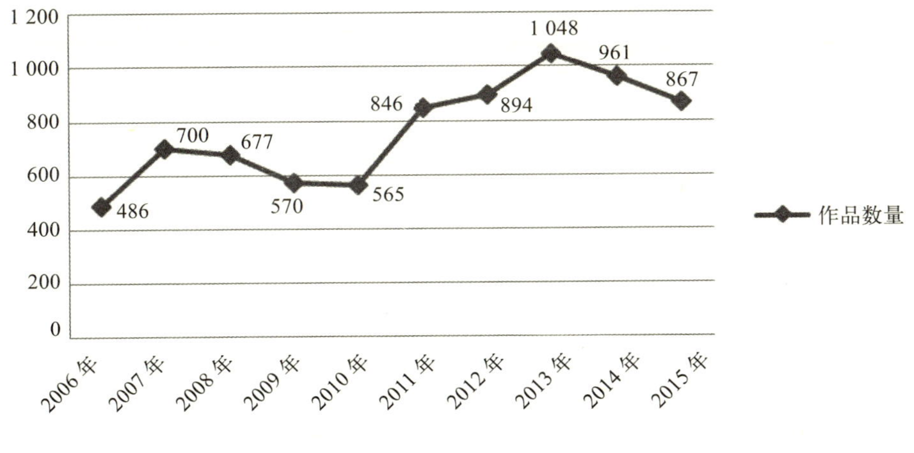

图 21　中国 4A 创意金印奖历年作品数量统计（单位：件）

中国商务广告协会副会长兼秘书长刘立宾先生作为中国 4A 的发起人之

一，曾一针见血地指出金印奖应该反思的方面："金印奖需要改革，活动的奖项有点自娱自乐的成分，对社会的影响力不大。有这么一个大的最先进的组织团体，理念经验都很先进，但没有对中国广告业的总体指导多做一些贡献，这点是欠缺的。"[①] 我们应当清醒地看到，尽管金印奖的影响力已经有了明显的增长，但距离"中国的戛纳"依然存在一定的差距。

阳狮广告有限公司中国区主席兼首席创意官郑以萍女士也对金印奖表示了担忧："4A的确做了一些有影响力的事情。然而在金印奖上却没体现出来，虽然我们认为自己是很有实力的，可是影响力并不明显。金印奖跟龙玺奖、ROI（金投赏奖）到底有什么区别？我对金印奖有些担忧。首先，我觉得如果金印奖变成会员之间的一个游戏就不太好了；其次，金印奖的个性也不是那么清楚；最后以它的报奖数来说明事实：900~1 000件，ROI已经6 000件了，而黄河奖有好几万件。应该举行一次头脑风暴，来讨论一下金印奖到底怎么办。"[②]

第一，业内影响力欠佳。

对于金印奖的评价中，"自娱自乐"并不是个褒义词，在很多人眼中，金印奖有点像4A自己的小圈子。中国4A成员有64家（截至本书采访期），还有48家非成员单位参与金印奖的报名，作品数量很多，但具备获奖资质的作品依然是少数，而且获奖作品所在公司经常集中在诸如奥美、阳狮、电通、智威汤逊、杰尔思行等国际4A公司。尽管有一些小型或者本土公司的确有好

① 根据中国商务广告协会副会长兼秘书长刘立宾先生访谈录音整理。

② 根据阳狮广告有限公司中国区主席兼首席创意官郑以萍女士访谈录音整理。

的作品产出，但依旧无法达到金印奖严苛的评奖标准，让这些公司望而却步，甚至心生失望，这让金印奖在中国本土及小型广告公司之中的影响力大大降低，然而评审的标准与奖项的入围率、得奖率很难两全，一个高，另一个就要降。

盛世长城国际广告有限公司北中国区首席创意官吴凡先生认为："中国金印奖少了自己独特的造型，少了些号召力。"他举例说："英国举办的电影奖，如果向你发出了邀请函，你一定会非常自豪，他们还会将每年很有质量的作品挑选出来，用作对学生的教育和交流。"[①]然而遗憾的是，金印奖作为广告业界的奖项，在广告专业学生中并没有建立起足够的知名度，而学生的关注和参与，对于金印奖是否能够充分盘活手头的优秀作品资源，是否能有效进行与教育界的交流合作，又是否能抓住那些未来的行业人才的心，都起着不可小觑的作用。

第二，社会影响力不足。

金印奖社会影响力不足表现在两个方面：其一，获奖作品在社会范围内曝光率较低。当前中国的广告奖项繁多，质量良莠不齐，而观众的注意力有限，加之历届金印奖的优秀获奖作品并没有在社会范围内得到有效的传播，获奖作品的刊登仅限于跟行业有关的报刊和网站公共账号，导致社会公众对优秀作品的认知程度较低。

其二，社会大众无法真正参与到金印奖的评奖和颁奖过程当中，致使金

① 根据盛世长城国际广告有限公司北中国区首席创意官吴凡先生访谈录音整理。

印奖失去了一个非常有效的社会化传播机会。广告奖项值得向社会推广的亮点在于颁奖典礼与作品赏析两部分，让金印奖成为中国的戛纳，成为一个无论是业内业外都可以参与狂欢，一起玩，一起欣赏好创意的节日，成为一个社会性的话题，这是许多中国广告人对于金印奖的期望。但也有人对此持有异议，毕竟急于求成只能事倍功半，就像广告门创始人兼 CEO 劳博先生所说："金印奖还在少年时代，我不会将它与戛纳对比评判，只会对它给予期望。它还是一个 10 岁的孩子，而戛纳已经 62 岁了，向戛纳学习才是最重要的。但是除非有国家层面的支持，否则金印奖很难成为社会性话题。我们不要去刻意制造一个社会话题，它必须先是传播圈、创意圈内的。"[①] 盛世长城北中国区首席创意官吴凡先生对此也持同样的观点："我觉得最重要的还是内行人，在广告界和营销界建立一个可信度。记得我刚来中国的时候，有一个广告奖在不同的城市做巡回，有很大的横幅、标语，有美女跳舞唱歌来吸引观众。它的目标并不是提高行业的标准，而是在显示一种地位——我们是现代前卫的一个奖项，但这跟提高行业的标准不是一回事。"[②]

种种反思的背后，今天的金印奖始终代表着行业顶尖的专业性、领先性和创意水平，正在逐渐成为一个有着更高知名度与参与度的行业盛会，正如庄淑芬女士所说："金印奖已经成为中国创意行业的风向标，唯有再接再厉，继续为中国广告人搭建挥洒创意的舞台才能实现最初的理想。我们期待更多鲜活的创意再次闪耀光华，见证中国创意蜕变的力量！"虽然未来中国 4A

① 根据广告门创始人兼 CEO 劳博先生访谈录音整理。

② 根据盛世长城国际广告有限公司北中国区首席创意官吴凡先生访谈录音整理。

金印奖的变革之路如何展开，还需要时间的检验。但无论怎样，金印奖坚持“创意至上”的原则，站在行业一线，为“中国好创意”摇旗呐喊，让中国创意人得到更加自由的发挥空间，获得足金肯定的愿景和宗旨都将历久弥新。

2. 中国 4A 之大师进校园

广告是一个对人才极为依赖的行业，广告公司最核心的竞争力就是广告人才。因此如果想要谋求长远发展，一定要有源源不断的优秀人才进入广告公司。作为代表中国广告行业标准的协会组织，培养广告行业新人是中国 4A 的天然使命。中国 4A 在成立之初，就在协会宗旨中明确提出了要“培养行业人才与能量”。

（1）4A 实习制

从 2007 年开始，中国 4A 邀请会员单位的资深广告人担任讲师，针对广告院系、营销学等相关专业高年级学生，推出演讲、案例实践、实习制结合的进校园活动，至今已是第 8 个年头。协会希望借进校园活动的机会，一方面传递 4A 的行业标准和价值观，另一方面将优秀的学生直接引入实习机制，为广告行业补充新力量。

广告公司的商业性质，决定了它必须要有足够的营业收入来维持自身的生存和发展。基于此，广告公司一方面为客户提供广告设计、制作、发布的服务，甚至全案营销策划服务，另一方面收取代理费。最早一般是取媒介代理费的 15% 作为佣金，在广告业突飞猛进的 20 世纪 90 年代，有些广告公司的佣金比例甚至可以达到 80%。广告主有自己的商品，媒体有自己的媒介版面，而广告公司几乎不占有资源，凭什么挤在中间来收费？就是因为优秀的广告人擅于用自己的头脑与智慧，帮助广告主达成特定的营销目标，帮助广告主获取更多的利润。

广告不同于其他人文社科专业，它与市场实践之间有着极其紧密的联系。对于大学生来说，媒介技术、营销手段变化速度之快，导致学校教育或多或少滞后于实践的发展。几年前学校还在教如何进行抽样调查，随着互联网技术的发展，大数据、海量样本已经人尽皆知，学校的课程体系如果不更新，就必然会落后。通过进校园的活动，中国 4A 为学界和业界架起了一座互相沟通的桥梁，在一定程度上能够弥补学校教育的缺失。

在 4A 大师进校园活动中，广告公司会挑出一些适合年轻人参与的案子提供给学生实操，让大学生有机会贡献自己的想法，甚至跟广告公司专业人员一起去见客户，近距离接触广告行业的实际作业。而广告公司通过进校园活动，也能够从年轻人身上获取新的灵感，同时还能够吸收优秀的学生进入 4A 实习，源源不断地发现和培养具有潜力的广告新兵。

(2) 谁是“大师”？

十年来，4A 进校园活动经历了几次更名，从 2007 年“中国 4A 大师走进高校全国巡回演讲”[①] 开始，中间变更为“大师进校园”、“4A 进校园”，到

① 首次巡回演讲集结了包括宋秩铭、庄淑芬、彭德湘、虞晨曦、陈薇薇、郑以萍、张小平、贝曦贤、莫康孙、劳双恩、李倩玲、郑香霖等 46 位高管和部门总监，阵容非常强大。

2014年再次更名“中国4A大学生广告周”。活动名称一而再再而三地更改，甚至现在仍然没有完全确定下来。客观来说，名称的摇摆不定，的确影响了“进校园活动”的品牌资产沉淀。

4A每年进校园的时间有限，两次活动的时间间隔又较长。从人才培养的角度来看，这种断断续续的联系会削弱活动的影响力。协会曾将进校园的讲师称为“大师”，乍看“大师”一词，首先是容易产生距离感，其次，把广告行业的中高层随意称为大师，难免也有自夸之嫌，不利于建立一种平等、轻松的交流氛围。

（3）广告新兵报到

4A进校园的一个直接目的，就是通过实习制获取人才资源，那么实习生在广告公司中处于什么位置呢？从财务来看，几乎所有的广告公司都是没有实习生预算的，客户更是没有，这决定了实习生的薪酬不会很高。实习生进到公司，主要是帮助消化一些找资料之类的基本工作，偶尔可以参与头脑风暴，核心的工作如广告创意、广告策划等，却相对较难真正接近。

4A协会本意想通过搭建一个平台，以实习制引入优秀人才，拉动广告业的后续发展。然而，广告公司加班多、工资低、无法接触核心业务，却成为阻碍毕业生去广告公司的原因。中国4A理应代表成员广告公司的共同意志，这边协会努力将大学生变成了实习生，那边广告公司却没有给予实习生足够的归属感，这是协会与成员单位行事之间的矛盾点。如此一来，也不难理解“实习生对于广告公司来说只是廉价劳动力”、“去广告公司打杂”这种说法的出现了。

（4）时代带来的硬伤

2000年前后，如果你想进广告公司，运气和实力缺一不可。当你的简历幸运地被打开，那就是万里长征迈出了第一步，接下来等着你的是好几轮面试，每一轮都要打分，这个环节达标之后才会进入下一个环节。到最后终于过关斩将通过了所有面试，还要十分忐忑地担忧哪个部门的人力资源愿意接受你。回看这段并不算久远的所谓“广告黄金时期”，优秀的年轻人争先恐后地投身广告行业。而时至今日，即使是业界数一数二的广告公司，也或多或少地遭遇了到处发招聘信息、常年招兵买马的尴尬状态。

优秀的年轻人去哪里了？电通专门设立了“小鬼计划”培养广告行业的新人，一位中层领导表示，“小鬼计划”给他带来了两位研究生，然而不到一个月的时间，这两位就都辞职去了互联网公司。类似的事件在今天的广告公司时有发生，这说明现在的很多年轻人并没有将广告公司作为最佳的就业选择。而反观现在人到中年的广告公司中层员工，很多当年都是几经磨难，经过层层面试考验，才进入梦想的广告公司，成为一名专业的广告人，当年他们对这个职业的归属感和荣誉感，为什么在今天的年轻人身上似乎越来越难以寻觅了呢？两相对比，内心情绪难免复杂。事实上，这两代年轻人的出发点一模一样，谁都想去含金量高的行业和公司。现在的年轻人纷纷将互联网公司作为最优选，无非是被高薪资所吸引。这正如当年广告行业高速发展时期，优质人才蜂拥而入，看中的其实也是广告公司的高薪资、工作体面以及职业上升空间。

近年来，广告公司进入大学校园，直接对学生进行宣讲的频率也在逐渐减少。与此形成鲜明对照的是，新兴的互联网公司、规模不大的数字营销公司却在积极接近大学生。以中国传媒大学为例，某数字营销公司专门与大学合作，开设了数门面向大三、大四年级的课程，在长达一两年的时间里，与学生保持每周一次的课程沟通。这样做的“洗脑”效果非常显著，很多学生一到毕业就会直接选择应聘此类公司。因此，我们不得不反思，如果大学生不像以前那么渴望了解广告公司的实际情况，4A 进校园的活动又何谈吸引力和影响力呢？解决问题的核心，除了在新的媒体环境下重塑广告公司的专业地位之外，还需要通过多元渠道，增加在校学生与广告公司之间的互动，因为我们发现，很多广告专业的在校学生其实并不了解真正的广告公司，更不了解真正的广告人，如何填平二者之间的认知鸿沟，除了 4A 进校园的活动之外，未来中国 4A 还需要进行更多的努力和尝试。

3. 中国 4A 之高端论坛

“国际化”是金印奖的发展目标之一。自 2006 年诞生以来，金印奖从评委的选择、评审的专业标准坚持到奖项的颁发，每一个环节上都力求严谨完美。中国 4A 设立奖项之初，就期盼金印奖能在未来成为国际社会了解并认可的中国广告业之重要窗口。受到戛纳国际广告节的启发，中国 4A 作为行业的高端组织，期望能够搭建一个有效的平台，引领对于中国广告业理论的思考；通过行业内部人员互相交流探讨的方式，对行业情况进行更加深入的洞察。因此在2012年第七届金印奖的颁奖典礼之外，中国4A推出了以沙龙和论坛为核心的金印奖系列活动，围绕金印奖做出更丰富、更深入的拓展。

（1）打造精英团体

在4A论坛举办之前，中国4A金印奖已经成功举办了六届，六年的积累为4A论坛的起步打下基石。尽管4A的成员单位每年都会向金印奖提交参赛作品，甚至随着中国4A的影响力不断增强，许多非4A成员单位也纷纷投稿，但细看历届获奖作品的单位，来来回回就是那几家最为知名的广告公司，这说明中国4A成员单位之间在创意水平、专业程度上还存有很大差距。正如宋秩铭先生所说："在全球，广告公司的门槛都是比较低的，两三个人也可以成立一个广告公司，所以我们只能尽量追求一致的目标，但是不可以普遍化，中国4A还是要坚持做一个精英的团体。"①

为了加强精英成员之间的沟通，第七届金印奖首次增加了高端论坛的环节，开展对于行业经营和发展等实际问题的深入讨论。首次中国4A高端论坛，由中国传媒大学丁俊杰教授主持并致辞，奥美集团大中华区董事长宋秩铭先生、北京电通副总经理李西沙先生、梅高创始人及董事长高峻先生等广告界知名人士出席。几位嘉宾紧扣"中国广告行业困境和出路"的主题，从不同的视角分析广告行业发展的现状和面临的挑战，讨论的内容覆盖了营销、创意等行业实际问题，是一次代表中国广告行业较高水准的深度研讨。

---

① 根据中国4A终身顾问、奥美集团大中华区董事长宋秩铭先生访谈录音整理。

高端论坛的举办，对中国 4A 的发展具有两大意义：首先，高端论坛是体现 4A 专业性、领先性以及影响力的一个载体，是促进中国 4A 内部有效沟通、互助共赢的平台。其次，高端论坛也是“建立行业标准与规范”的宗旨所在，中国 4A 始终把教育的职能放在一个很重要的位置，对于一些专业能力较弱的成员公司，高端论坛可以给它们一些启发，帮助它们找到前进的方向和目标。正如中国 4A 高端论坛的大力倡导者、北京电通广告有限公司常务副总经理李西沙先生所说：“我们每个成员单位加入 4A 都有不同的想法，归根到底有一个想法是不变的，那就是寻求自己公司的生存和发展，但是要把事业做大，仅凭 4A 成员的名头是不够的，这些公司必须在行动上对自己有要求，要建立自己的纪律和规则，在很多方面都要付出努力。”①

（2）与时俱进的高端论坛

中国 4A 金印奖将戛纳国际广告节作为榜样。每年都有各国的广告精英抽出一周的时间聚集在戛纳，其他对广告行业感兴趣的各界来宾亦云集于此，无疑是一场国际广告盛会。金印奖最初的主要活动为评选和颁发奖项，从第一届颁奖典礼邀请蔡康永、周杰伦等享有较高知名度的明星参与，到第七届颁奖典礼增设高端论坛等系列活动，一步步走向成熟。对于金印奖来说，高端论坛代表了一种价值标准。在创意之外，这个行业还有更多需要关注和交流的主题。而搭建一个高专业标准下的沟通平台，对于中国 4A 来说责无旁贷。

① 根据中国 4A 第九、十届理事长，北京电通广告有限公司常务副总经理李西沙先生访谈录音整理。

首先，论坛不同于官方立场，其最直接的目的是实现信息的有效交流，为中国广告业提供一个多方沟通和促进的平台，在提出问题的基础上谋求解决之道。在广告行业整个产业价值链中，不同环节上的主体能够有机会共聚一堂，围绕着某个特定的主题各抒己见。这一开创性的举动，从增加行业内部互相之间的尊重与理解的角度来看，具有极大的推动力。

其次，任何一个行业都无法在自娱自乐中求得发展。广告行业不仅仅需要从业人员用兴趣来耕耘灌溉，更需要引起相关专业领域群体的兴趣，吸引不同专业领域研究者的关注。在某种程度上，高端论坛的教育意义，正是由其对社会的扩展和渗透作用所赋予的。中国 4A 参考戛纳广告节模式，与杭州市委、市政府提出的“极力打造全国文化创意产业中心”的战略目标相结合，形成了“杭州——中国 4A 金印奖创意文化节”[①]，第八届金印奖评选活动成为杭州文博会的组成活动之一。杭州有着丰富的文化产业资源，希望打造国际化的城市品牌资产，中国 4A 金印奖从诞生之日起就以国际化作为自身的执行标准，双方一拍即合。本次评选活动不仅集聚了广告行业内部的注意力，大众媒体和新媒体也纷纷关注，一时之间社会大众的目光纷纷投向中国 4A 金印奖。高端论坛借势开幕，邀请众多 CEO 演讲，为广告行业的转型和发展注入了新的思维和力量。

2012 年首届高端论坛只邀请成员单位的优秀广告人进行分享，而 2014 年高端论坛就已经迅速拓宽了眼界，除了邀请四大代理商讨论国际广告公司

① 资料来源：2013 第八届中国 4A 金印奖 · 杭州盛会举行，http://info.broadcast.hc360.com/2013/10/171019580827.shtml。

趋势与发展走向外，还请到胜三（R3）、阿里巴巴、苏宁等知名企业参与，分享了新媒体、新科技应用下电商的改变和趋势等精彩议题。邀请最专业的人来分享特定主题的做法，充分体现了中国 4A 在面临新挑战时，寻求开放、寻求变革的态度。

4. 中国 4A 之戛纳“中国日”

中国 4A 协会伴随着中国广告行业的发展而成长壮大，不断谋求新的机遇，面向世界为中国广告行业发声，而戛纳“中国日”主题论坛的举办，则是“中国创意”的有力展现，更彰显了中国广告业的国际影响力。

（1）戛纳国际创意节——广告界的奥斯卡

戛纳国际创意节被誉为广告界的奥斯卡，广告圈的人对于这一盛会的热情完全不亚于球迷对于世界杯的狂热，它是世界范围内的行业交流平台，同时也是全球广告行业的一面镜子，折射出广告行业的变迁。

戛纳国际创意节于每年 6 月中下旬举行，创意节期间各国知名创意人、广告集团高层及各界代表云集于此。广告客户、制作公司、策略部门、创意团队在此开设一系列的交流会，研讨专业，商洽业务。每年大约有 7 000 多位代表送出 1 万多件作品角逐“戛纳广告大奖”。

戛纳广告大奖源于戛纳电影节。1954 年，由电影广告媒体代理商发起组织了戛纳国际电影广告节，希望电影广告能同电影一样受到世人的瞩目。此后，戛纳同威尼斯开始轮流举办此大赛，1977 年戛纳正式成为永久举办地。

1992 年组委会又增加报刊、海报与平面的竞赛项目，这使得戛纳广告大奖成为真正意义上的综合国际大奖。

图 22　戛纳国际创意节 logo

2011 年，戛纳国际广告节（Cannes Lions International Advertising Festival）在 58 岁生日时正式更名为戛纳国际创意节（Cannes Lions International Festival Of Creativity），从“广告”（Advertising）到“创意”（Creativity），这是一个延续了数十年的全球最高水平的广告节的自我颠覆，也是全球广告业发展转型的一个强烈信号。如今，戛纳广告大奖包括促销、公关、直效、创意特效、媒体、移动、户外、平面、设计、广播、网络、影视、影视工艺、品牌娱乐内容和钛狮等多种奖项。[①]

---

① 资料来源：央视网，“戛纳广告节·魅力中国周”活动介绍，http://ad.cntv.cn/special/gana/20130613/104647.shtml。

(2) 站上世界的舞台——中国在戛纳

中国广告业与戛纳国际创意节的渊源可以追溯到 1996 年。随着中国经济的持续发展，中国的市场空间逐年增长，中国广告与创意在国际上的影响力正在变得更加强大，中国广告业与戛纳创意节也有了更深入的接触。2008 年，第 55 届戛纳广告节首次推出“戛纳中国论坛”、“中国主题创意风暴日”、“盛世中国沙滩夜”等多项中国主题活动，这是中国人第一次登上戛纳广告节的主讲台，中国广告人第一次真正参与到了最高端、最专业的国际讨论中，用广告形态向世人传播中国文化、中国式营销模式和理念。在这一年，中国区在戛纳广告节上斩获了一金四铜，实现了中国广告夺金的历史性突破。

表 6 中国广告业走进戛纳年表[①]

· 1996 年	中国首次组团参与戛纳创意节，当时它还叫戛纳广告节。
· 2000 年	中国在戛纳实现了获奖零的突破。
· 2000 年	《中国广告》杂志开始系统地关注和报道戛纳。
· 2005 年	项建中作为戛纳评审参加戛纳，《中国广告》杂志第一次近距离采访了戛纳评审。
· 2008 年	中国广告协会在戛纳广告节上举办了“盛世中国”的主题活动，并且设立中国日。
· 2011 年	TBWA（上海腾迈广告有限公司）凭借为阿达迪斯做的广告，首次为中国斩获一个全场大奖。
· 2011 年	中国广告业在戛纳多个奖项获奖，形成遍地开花之势。当年智威汤逊为新秀丽做的广告在戛纳获奖，这个作品也获得了客户在更大范围投放的认可和信心。
· 2012 年	劳双恩是首位担任戛纳奖项评委主席的中国人。
· 2013 年	戛纳中国周举办，成为中国广告业历届组团参加戛纳规模最大的一次。

戛纳国际创意节主席特里·萨维奇（Terry Savage），对中国的市场很感兴趣，希望让世界更清晰地了解中国广告行业的现状，于是便促成了这次与

① 《中国与戛纳》，摘自《中国广告》杂志，2013 年 9 月。

中国广告协会以及中国 4A 的合作。此次的联手合作，也成为中国广告行业两大组织的破冰之旅：2013 年，60 周岁的戛纳国际创意节再次迎来了吉祥的“中国狮”。戛纳国际创意节与中国广告协会携手推出了全新的“戛纳 · 魅力中国周”活动，由戛纳中国周奥美高端晚宴、戛纳“中国日”主题论坛、中广国际专场互动会、中广国际 · 中国功夫趴（Red Hot Party）四大主体活动，和文化展示、网上互动、现场互动等多项配套活动共同组成。

这场备受瞩目的盛会于 2013 年 6 月下旬正式启动，与戛纳国际创意节同期展开，而中国 4A 承办了其中占据很大分量的“中国日”论坛，特里 · 萨维奇认为“中国日”论坛的举办能够帮助广告主们认清中国不断发展所带来的挑战：“毫无疑问，中国对于那些以消费者为导向的公司而言，是一个成长势头非常强劲的国家。随着经济的快速发展，人口和社会的变化，中国消费者也在以一种非常快的速度发生着改变，这也致使诸多企业面临挑战。而‘中国日’论坛将会致力于解决这些问题。诸如中国的市场营销、移动搜索、中国人想要什么和青年的趋势这些主题都出现在论坛上，通过对它们的探讨，发言者们将对中国的广告和传播市场给予非常宝贵的洞察。”

图 23　戛纳“中国日”logo

图 24　中国奥美设计的“中国日”论坛海报

图 25　戛纳“中国日”，中国 4A 终身顾问、原国家工商总局

广告司司长刘保孚先生接受采访

中国飞速的发展以及光明的市场前景，聚集了来自世界各地的目光，世界广告人已经远远不能满足于站在远处谈论“中国机会”，然而想要在近处把

握机会，显然还有很多功课要做。而这次“中国日”论坛，为世界广告人充分了解中国广告行业打开了大门，集结了五大传播集团的力量——WPP、电通、宏盟、阳狮、IPG，以及中国营销首脑齐聚戛纳“中国日”现场教课。①

宏盟集团亚太区主席杜孟（Serge Dumont）先生带领宏盟旗下Proximity、BBDO、DDB和TBWA的中国区“大佬们”围绕一个最直接的课题：“‘成为’中国人”，进行了深入讨论，而比中国人更了解中国人的智威汤逊—中乔广告有限公司东北亚区域总监及大中国区首席执行官唐锐涛先生则将命题细化为“告诉你中国人想要什么？”

“中国日”论坛上不乏中国家庭观的探讨，麦肯·光明广告有限公司董事长莫康孙先生与中央电视台广告经营管理中心副主任李弋女士一起分享了多则有关“家”文化的公益广告。

论坛上，有关创意以及年轻市场的话题也从未间断，由DDB北中国区首席创意官林俊明先生主持，奥美大中华区首席创意长樊克明（Graham Fink）、智威汤逊北亚区首席执行长劳双恩参与的“四无忌惮论创意”，特别请来1989年生的本土年轻创意人陆雯恺小姐，以表示对新生创意力量的尊重。由青年志首席运营官李国忠先生和奥美中国区首席企划长翟永康先生带来的中国“新青年”研究报告还原了中国年轻群体的态度，并且告诉营销人一个残酷的现实：每个中国年轻人都大不相同。

---

① 资料来源：广告门戛纳中国日主题论坛——创意与智慧的碰撞，http://www.adquan.com/post-1-26398.html。

图 26 “成为”中国人

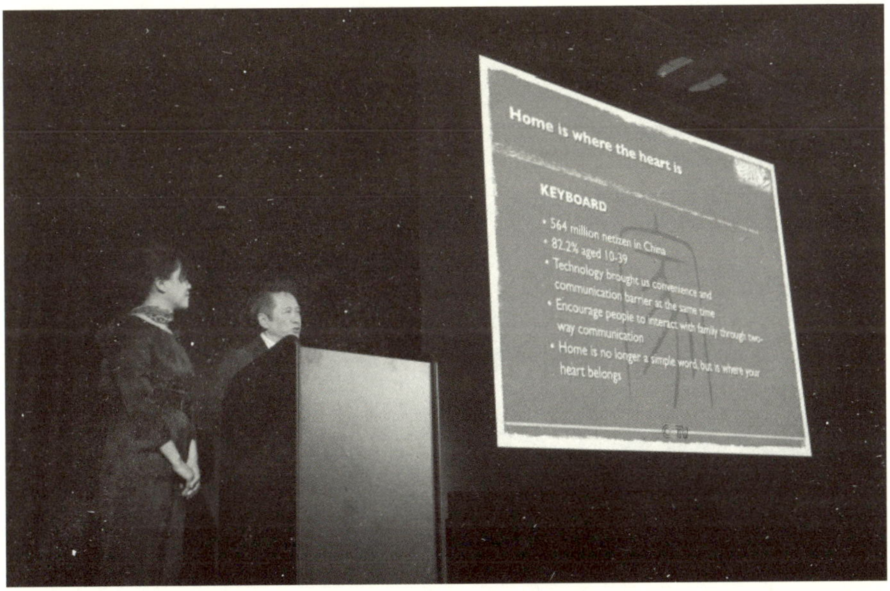

图 27 “家”对中国人有多重要 —— 透过公益广告看中国人的家文化

图 28 “四无忌惮论创意”

图 29 “用数字视频讲述你的品牌”

如今的中国，越来越多用户喜欢用移动终端观看视频，视频广告成为有效的传播渠道。怎样用数字视频讲述你的品牌？华扬联众 CEO 苏同与凤凰网 CEO、中国数字视频制片人刘爽展开颇具见解的讨论。

图 30　戛纳中国周期间中国广告人 新浪微博资料图[①]

① 资料来源：VMARKETING，2013 年 7 月。

在充满魅力的“中国周”活动中，中国元素随处可见，这里既是世界的创意节，也是展现中国营销发展的魅力周。作为广告界的奥斯卡，又怎能少了日趋活跃的中国创意人的身影，当时的盛况一度在互联网上形成了“戛纳广告魅力中国周”的话题，足见中国广告人对于此次活动深深的骄傲与自豪。

“中国周”是中国广告业与戛纳国际创意节组委会合作以来组织的规模最大、规格最高的一次交流展示，这样一场广告业的饕餮盛宴，为世界广告人剖析了复杂的中国市场，不仅让中国广告站在了国际的舞台上，也让世界广告人对于中国的市场环境、营销现状以及中国创意有了更加深刻的洞察。

而中国 4A 承办的以“中国日”命名的全天主题论坛，在戛纳广告节 60 周年的历程中，是史无前例的以国家命名的论坛，更是第一次把如此长的论坛时间留给同一个国家，这昭示着中国广告业正在成长为世界舞台不可小觑的力量，也彰显出中国市场正在成为全世界商人关注的焦点。此次论坛汇聚了中国广告界强而有力的声音，论坛的成功举办也显示了中国 4A 协会不俗的实力，必将在国际广告行业打开自己的知名度和美誉度。

小结

中国 4A 诞生在中国广告业迫切需要自律的阶段。如今，很多企业在选择广告公司时都要求有 4A 资质，这是中国 4A 积累下来最实际的品牌资产。在此之外，作为广告行业的高端组织，中国 4A 不遗余力地为整个行业健康、长远的发展贡献力量。为守住广告业的生命线，创办金印奖以褒奖优秀的广告创意；为培养行业人才和能量，举办 4A 进校园活动；为达成行业内的理解与合作，帮助成员单位成长，设立 4A 高端论坛；为助推中国广告业站上世界舞台，积极筹备戛纳中国日。这是探索的十年，更是硕果累累的十年。

第五章

弯道：生态变迁之中的适应和超越

4A 公司是广告活动的主体，它们为广告主策划广告活动，帮助广告媒体代理广告资源，4A 公司的双向代理是整个广告业正常运转的纽带。然而，新兴媒体的崛起改变了信息的传播方式，也改变了受众的信息接触习惯，更为棘手的是，这场巨变锻造了广告公司至今为止遇到的最强大的挑战者——互联网。外部环境的剧变对 4A 公司的发展提出了新的要求：例如，电通安吉斯中国区董事长李桂芬女士指出，由于“广告公司的服务是叠架在媒体环境变化上面的，如果不能跟上媒体环境的变化，它就会自然消失。而还能够称得上是广告公司的，都是跟得上媒体变化的”。因此，“广告行业需要的是能够跟得上潮流、跟得上趋势，还要有创新，它是一个永远不会落伍的行业”。① 然而，当昔日的光荣与梦想照进今日现实之时，我们可以发现，曾经成就了 4A 公司的专业素质，今天似乎正在全面遭遇挑战，未来 4A 公司发展的趋势和方向也因此晦暗不明。具体而言，工匠精神与规模扩张之间的冲突，专业坚持与技术缺失之间的碰撞，流程固化与效率加速之间的摩擦，员工培养与人才流失之间的缺口，高额成本与薄利模式之间的矛盾，都是这个时代 4A 公

① 根据电通安吉斯中国区董事长李桂芬女士访谈录音整理。

司面临的难题和挑战，如何适应和跨越，考验的不是个体公司单打独斗的能力，而是中国 4A 为代表的高端广告企业对行业生态的适应和调整。

工匠精神 vs 资本扩张

1986 年美国 DDB 广告公司与 BBDO 广告公司联合组成宏盟集团。随后宏盟集团在全球范围内展开了快速的扩张，1993 年收购 TBWA，1996 年收购 Ketchum（凯旋公关）传播，1998 年收购 Abbott Mead Vickers 的同时收购日本第八大广告公司 I&S，2007 年收购荷兰阿姆斯特丹的互动创意公司 Red Urban。[①] 宏盟集团依靠资本的力量展开的并购只是世界五大广告集团资本运作的一角。WPP、IPG、阳狮、电通在过去的三十年里都进行了大量的公司并购。在资本力量的推动下，广告公司有效地整合了手中的资源，极大地提升了自己的市场份额，然而值得注意的是在公司版图扩张的同时，资本的进入也为广告公司带来了隐忧。

在 20 世纪 60 年代的美国，奥格威、伯恩巴克、李奥贝纳一个个响亮的名字是广告公司的招牌，大师们的个人才智与工匠精神是支撑整个行业发展的灵魂。有观点认为：广告公司受到客户赞扬的，是它们的广告创意以及帮助客户解决市场问题的广告策划能力。但是资本的介入，似乎在一个时期内

① 根据东北证券《传媒行业 2011 年投资策略》整理。

抹平了广告公司原有的灵魂，泯灭了广告业原本的工匠精神。资本推动下的集团化公司追逐的永远是市场份额的增加、利润的增长，资本运作、公司并购成为公司业绩增长的有力武器。而同时广告公司之间为了争夺广告主的预算，并没有竭尽所能地扬长避短，扩大自己原有的差异性，而是绞尽脑汁模仿竞争对手，模仿同一集团的其他公司。资本把这个行业变得没有差异，变得无奈，留下的只是同质化的广告公司。在广告公司的黄金年代，每家公司都有自己坚持的原则和价值，在智威汤逊服务过的人很难再进入奥美公司。然而在今天，且不说4A公司的普通员工，就是各家公司的高管也会经常互相跳槽。在访谈中，上海梅高创意咨询有限公司董事长高峻先生感慨道："本来一群具有独立思想、创新精神的手艺人，变成了以追逐生意利益为目标的人。失去了各自的特性，从而也失去了最大的核心价值。这就是这个行业变得越来越不被尊重的原因，也是最大的伤痛。"①广告公司原本是一群依靠个人才华和魅力的艺术家，现在却成了臣服于财务数字压力的商人，广告公司原本是一群天马行空的创意人，现在却只能为了量产化的广告作品每天在电脑前疲于奔命。资本的进入彻底改变了广告公司的发展方式，个人才智和创意不再是公司的灵魂，资本成为行业的主宰。然而可悲的是，广告公司的员工从来都不是天生的生意人，他们喜欢创造，喜欢新意，而不是枯燥的数字。资本让广告人忘记了原本的手艺和骄傲，批量化的生产广告只能降低广告业的整体水平，为了完成财务指标，为了实现资本的期许，广告人只能提供原本自

① 根据上海梅高创意咨询有限公司董事长高峻先生访谈录音整理。

己并不擅长的东西。

除了抹平广告行业原有的灵魂，资本的介入还让广告公司变得投机取巧。面对财务上的压力，集团的高层想到的不是改进自己的产品和服务，而是通过公司并购来实现市场份额的扩张。短期来看，公司可以为市场提供一份漂亮的财报，但是从长远的角度来看，公司把太多的精力放到资本市场，却没有投入足够的精力来从事自己的本业。2013 年，宏盟集团和阳狮集团的合并以取消交易告终。即使当时两大集团合并成功，虽然短期内可以实现市场份额的扩张和议价能力的提升，但是从应对广告公司面临的最大挑战——互联网企业来看，这起合并并不能起到什么实际的效果。简单的扩大经营规模并不能够阻止互联网公司在商业模式上的颠覆，广告公司需要做的不是借助资本的力量攻城略地，而是不忘初心，回归本业。

综上所述，如果广告公司没有了昔日让客户敬佩的匠心独运，丧失了对自身专业的坚持和专注，单靠资本力量支撑，势必难以赢得客户的尊重。

专业坚持 vs 技术缺失

如前文所述，在过去三十年间的中国广告市场中，4A 公司始终是知识权威和专业“布道者”。他们依靠国际认可的广告调查方法收集消费者数据，进行消费者分析；他们拥有一套完整的媒介购买工具，帮助客户进行最经济同时又最有效的媒介采购；他们开发的理论工具被其他广告公司和企业市场部视为经典，引领整个营销行业的发展趋势。在互联网崛起的今天，4A公司依旧秉持着他们坚守了数十年的专业性，然而不幸的是，新技术的出现让他们的坚守变成了困守。

随着互联网尤其是移动互联网的普及，人们越来越多的行为从线下转移到了线上，互联网后台强大的数据存储能力使得人们的线上行为得到了清晰的记录。业界普遍认为，这样海量数据的获得对于消费者洞察而言可谓如虎添翼，然而可惜的是，这对翅膀并没有加在广告公司身上。互联网公司作为消费者数据的发生现场，天然地拥有捕捉、存储、分析消费者数据的技术优势。而广告公司没有自身运营的数字媒体，因此不具备占有消费者线上数据的能力。技术的进步为消费者洞察提供了更加全面的样本、更加可靠的行为数据，但是广告的消费者洞察仍然停留在问卷调查、随机抽样的水平，广告公司在消费者洞察方面的专业性受到了新技术的动摇。

4A公司对专业性的坚持还表现在其对于媒体的熟悉性上。仅以电视媒体为例，4A公司就创造了目标受众、收视率、总收视点、到达率、接触频率、每收视点成本、每千人成本等一系列概念来帮助实施电视购买。可是在新媒体崛起之后，广告公司对于媒体变得陌生，只有互联网公司自己才清楚如何利用互联网进行有效的广告投放。例如，百度公司广告投放依靠搜索引擎，由于广告公司并不清楚百度搜索引擎的工作原理，因此根据客户搜索的关键词展示广告信息的重担只能由熟悉百度搜索的公司来完成。同样的现象还发生在阿里巴巴、腾讯等企业运营的互联网媒体上。新媒体的技术壁垒使得4A公司关于媒体的知识不再具有专业性。

互联网媒体崛起带来的技术缺失不仅仅表现在消费者数据占有、媒体投放等硬技术上，其背后的“软技术”对于4A的专业性也造成了不小的冲击。所谓的软技术就是互联网公司的商业模式和营销方式，这些野蛮生长于营销实践的软技术甚至动摇了4A公司的理论根基，例如，传统的广告理论非常强调渠道的作用，原因是在信息不对称的前提下，把握了有限的信息渠道，就意味着把握了消费者的注意力。然而在互联网时代，伴随着电子商务的崛起，越来越多的企业通过电商来销售自己的产品，消费者可以通过天猫、京东等电商平台直接购买来自全国各地的产品，传统的渠道优势不复存在。更有甚者，像小米这样的企业连电商渠道也直接抛弃，通过自建网站的方式直接销售自己的产品。这种情况下，广告的作用和广告活动的主导权都在悄然发生变化。例如，小米手机并未在报纸杂志、广播电视等传统媒体上投放广告，取而代之的是自己建设的论坛，由技术人员与产品的粉丝互动，再依靠粉丝的口碑对产品进行推广。这种彻底抛弃传统渠道，背离传统广告投放方式的营销竟然取得了巨大的成功。2011年9月5日，小米式开放网络预订，半天内预订超30万台；2011年12月18日，小米手机第一次正式网络售卖，5分钟内30万台售完。互联网企业在营销实践上取得的成功对于4A在理论上的权威性形成了挑战。

虽然4A公司依旧坚持着自己的消费者洞察，依旧熟练地掌握传统媒体的排期，然而新媒体崛起造成的技术缺失使得其曾经的骄傲开始面临无奈。新诞生的技术不能为其所用，一直坚持的工具和理论又面临失灵的局面，4A公司的专业地位不可避免地遭遇了挑战。

而应对挑战，在于广告公司对于自我价值的重新定位和再次开发。例如，WPP中国区首席执行官李倩玲女士提出："传统媒体对新媒体的了解是非常有限的，这时候就需要广告公司在中间扮演非常重要的角色，帮助传统媒体认识自己的独特优势，把自己的媒体资源用活。"近年来，"群邑掌握的媒体已不局限于传统媒体方面，数字媒体的量也一直在提升，在此基础上进行了很多新业务的开发，比如程序化购买，这样做的核心就是要探索把媒体交易关系转化为伙伴关系，将广告公司对客户的理解和需求，与平台那边的技术需求相结合，发挥1+1>2的效应"。①

流程固化vs效率加速

互联网上曾流传过这样一个段子，一名广告公司员工的电脑桌面上满满地堆放着"广告创意初稿"、"广告创意修改稿"、"广告创意终稿"、"广告创意再也不改稿"、"广告创意打死也不改稿"等十几份文件。不难看出，这是广告公司员工对于客户反复要求其修改创意的吐槽，同时这也从一个侧面反映出了广告公司作业流程的弊端。对于4A公司而言，一个传播项目的开始往往是先由甲方人员向广告公司提供一个简报，广告公司的创意人员根据客户的要求，一遍又一遍地修改自己的创意。整个流程从客户的简报到广告公司

① 根据原群邑中国区总裁（现任WPP中国区首席执行官）李倩玲女士访谈录音整理。

提案、修改再到最后的落地，实施媒体传播，耗时至少在12周以上。由于广告公司作业流程早已成熟且对细节要求严格，在案子执行过程中，所有环节都要走流程，甚至连客户要求改仅仅几个字也不能例外。有4A公司离职员工指出："4A公司的规模越大，流程就越死板，结构就越臃肿，决策就越缓慢。"[①]严格的流程监控消耗了客户的资源，大大增加了一次广告活动的时间成本和人力成本。然而事倍功半的是，广告公司精心准备的广告片很快就淹没在了受众接触到的浩如烟海的信息中。广告公司耗时冗长、死板僵化的作业流程下诞生的广告作品已无法满足互联网时代受众对于信息快速及时、简短有效的要求。

在互联网时代，受众每天生活在信息的海洋中，每个人周围都充斥着各种媒体。信息爆炸决定了受众只会关注全民瞩目的热点信息以及与自己信息需求相匹配的信息。而一个社会热点从诞生到消亡往往只有几天甚至一天，因此留给营销人员的作业窗口不过几天，传统流程下的广告作品难以跟上如此快节奏的热点切换。在信息爆炸的同时，受众又处在快节奏、高频率场景切换的生活中，这样的信息环境决定了人们只能进行碎片化的信息接触。受众在接触到的信息上都不会花费大量的时间，因此受众也不会对信息进行深加工处理。广告信息所要做的就是在尽可能短的时间内向受众提供有效的信息。

符合受众碎片化阅读特点，又利用社交媒体热点的典型代表就是借势营

① 资料来源于杨烨炘博客，《中国广告为什么需要4A升级版》。

销。其中最著名的莫过于杜蕾斯用避孕套防水的广告创意。2011 年 6 月 23 日，夏季的北京突降暴雨，一则将杜蕾斯牌避孕套套在脚上，防止鞋子被雨水打湿的微博迅速走红网络，杜蕾斯巧妙地利用社会热点事件将自己的品牌向公众曝光。之后类似案例不胜枚举，2013 年光大银行闹出乌龙事件，杜蕾斯立刻跟进，推出“光大是不行的”广告文案。2014 年新浪微博赴美上市，杜蕾斯又打出“有杜杜，尽情上”的广告文案。杜蕾斯公司借助社会热点，以新浪微博为渠道，每次都巧妙地将自己的品牌与社会热点相结合，借势提高品牌的曝光率。如果还是按照广告公司传统的操作流程，先等广告主出一个简报，再提案反复修改，这样的营销机遇永远无从把握。当今社会最流行的信息往往是通过移动终端传递给受众，在移动终端中短、快、有趣的信息才能吸引受众的目光，满足受众的碎片化阅读需求。而传统广告流程下诞生的广告作品通常要求制作精美华丽，更适合在电视、报纸这样的媒体上长期投放。要想满足受众在移动终端的碎片化需求，广告公司必须把原来精美的文案化整为零，充分把握营销热点。

员工培养 vs 人才流失

广告公司是轻资产公司的典型代表，它们没有自己的工厂、设备，没有自己运营的媒体，也不生产有形的商品，它们所做的就是靠自己的智力和想法为客户提供精彩的创意和策略。而这些创意和策略背后的创造者——人才，理所当然地成为所有广告公司的核心资产。正因为如此，人才培养也就成为广告公司保持核心竞争力的关键所在。在过去的三十年间，4A 公司为了培养一位足能委以重任的高管，不惜花费十几年乃至几十年的时间，例如，北京电通公司副总经理李西沙在北京电通工作超过 15 年，麦肯 · 光明总经理莫康孙先生在麦肯任职的时间超过 20 年，而奥美大中华区董事长宋秩铭更是服务奥美超过 30 年。然而今天的广告公司员工培养却遭遇困局，一方面广告公司对大学生的吸引力直线下降，另一方面广告公司现有员工出现大面积的离职现象。

表 7　2014 年大学生心目中的十佳雇主，其中无一家广告公司入围

排名	雇主名称	所属行业
1	阿里巴巴	互联网
2	中国移动	移动通信
3	中国银行	金融
4	苹果	移动通信
5	中国电信	移动通信
6	华为	移动通信
7	百度	互联网
8	中国石油	石油化工
9	腾讯	互联网
10	国家电网	电力

数据来源：零点咨询

小黄是北京某高校广告专业临近毕业的学生，当被问起求职意向时，小黄心目中排在前五的雇主全部是阿里巴巴、腾讯这样的互联网公司或者宝马、宝洁这样的甲方公司，专业最为对口的广告代理公司竟无一入选。令人唏嘘的是，在当今国内的一流广告学专业当中，这种现象并不少见，互联网和甲方俨然成了大学生求职的“香饽饽”，而曾经叱咤风云的广告代理公司似乎风光不再。在一些高校，甚至广告专业的学生都不再把广告代理公司作为求职方向，更不用提其他专业的学生。广告公司在大学生心目中地位下降可见一斑。

广告公司对人才吸引力的下降并不仅仅发生在刚刚毕业的大学生身上，就连广告公司的高层管理人员也出现了向互联网公司跳槽的现象。2014 年 9 月 25 日，腾讯公司对外宣布，原实力传播集团大中华区总裁郑香霖加盟腾讯，出任腾讯公司副总裁，负责腾讯网络媒体广告销售业务。郑香霖先生在包括奥美、盛世长城、李奥贝纳等顶级 4A 公司的服务时间超过 25 年，更是曾经以最年轻媒体总监的身份担任过香港 4A 公司委员会主席，他本人对于广告业的了解和热爱毋庸置疑，他的离职从某种角度揭示了广告公司今日面临的人才困局。此外，国际 4A 公司高管中内地与港台地区、国外人员比例严重失调，也能够从侧面反映出广告公司面临的困局。4A 公司进入大陆市场早已超过 20 年，如今在国际 4A 公司内部依旧由大量的港台人士担任高管，大陆本土成长起来的人才寥寥无几。似乎继大卫 · 奥格威之后，广告界再也没有诞生偶像级人物。而由于内地广告人的缺席，4A 公司内部不同程度地出现了人才断层的现象。

为什么在 20 世纪 90 年代风靡一时的 4A 公司如今会出现高中低三层全面的人才流失现象？他们的创意不是依然很酷吗？他们的策划不是依旧很专业吗？

下面的一组数字或许能说明问题，在 20 年前的 1995 年，社会月平均工资只有五六十元，而当时广告公司一个助理的月工资就能到 350 元，是社会月平均工资的 7 倍。[①] 再来看 20 年后的今天，当北京市月平均工资已经超过 6 000 元的时候，广告公司给应届毕业生的月工资仅为 4 000 元，而人才主要竞争对手互联网和甲方公司对应届毕业生已经开出了超过万元的月薪。薪资水平的巨大差距直接造成了广告公司面向大学生招聘时的尴尬。如果说薪资待遇的差距决定了广告公司在基层员工招聘时的困局，那么自豪感和归属感的缺失则是造成中高层员工离职的真凶。郑香霖在加入腾讯时曾表示："腾讯不仅是中国发展最快的数字媒体平台，更具有深远的行业影响力，我很高兴在此变革时刻加入这样一个蓬勃发展的媒体平台。"看似官方的表达却道出不少广告公司高层人员的心声，20 年前当 4A 公司带着当时世界上最先进的营销理念进入中国市场时，本土企业将其奉若神明，而 20 年后的今天，4A 公司的模式已经不再新鲜，取而代之的是互联网公司。从某种意义上来讲，今天的互联网企业就是曾经的 4A 公司，代表了这个时代进步的方向，能够给这个行业的从业人员带来自豪感和归属感。一位 4A 公司的高级管理人员曾经发出这样的感慨："我们曾经感受过美国广告公司的辉煌，作为一个广告人我们很自豪，但是在国内，这种工作的幸福感是缺失的。"[②] 当一个行业不能为自己的从业者提供体面的薪水，当一个行业不再让它的从业者引以为傲，它面临人才流失的困局也就不足为奇了。

---

① 根据4A 成员公司 6 月北京座谈会议中扬罗必凯（北京）广告有限公司副总经理王欣先生发言整理。

② 根据 4A 成员公司 6 月北京座谈会议录音整理。

薄利模式 vs 高额成本

在20世纪的美国，4A协会成立之时达成的最重要的协议就是，明确规定所有成员在收取代理费时不得低于媒体费用的17.65%，从而避免恶意竞争。这说明在广告业相对成熟的国家，广告代理公司之间已经达成了共识，彼此之间单纯依靠价格竞争最终只能损害整个行业的利益，各家广告公司达成协议收取统一的代理费用才能实现整个行业利益的最大化。

然而在今天的中国，这种统一的代理费标准已经不复存在。各家广告代理公司在比稿之时争相压低媒介代理费用，试图依靠降低收费来获得广告主的预算。极端情况下，甚至有的广告代理公司开出了零代理费用的价格。价格战导致的恶性结果就是广告代理公司盈利能力的急剧萎缩。在20世纪90年代，中国的广告公司实行的是双佣金制，而且代理费用也不仅仅是17.5%，而是让今天广告人瞠目结舌的40%。即广告公司既可以从媒体处收取40%的代理费，又可以从客户处收取40%的代理费用，佣金合计拿到80%。因此90年代的广告公司可以高出社会平均工资7倍的水平招聘员工，90年代的广告公司一个招聘岗位可以引来超过400封的求职信件。在进入中国大陆20多年后，残酷的价格战使得4A公司的盈利能力大不如前。

与4A公司微薄利润形成鲜明对比的是其高昂的办公成本。4A公司的办公地址多在市中心昂贵的写字楼，并且经常会租下一层甚至几层用于日常办公。写字楼内部除了创意、客户等核心部门，IT（信息技术）、行政等支持部门也有大量员工，这些都在无形中拉高了广告公司的运营成本。同时，4A 公司的高管出行往往都是头等舱加五星级酒店。上述因素共同造成了整个广告公司成本的居高不下。相比之下，不少新型互联网广告公司的资产则轻盈许多，他们的办公地址往往不在繁华的 CBD（中央商务区），甚至连属于自己的独立办公室也没有，可以共享办公资源的创业孵化器是其首选。行政、IT 等后勤部门资源共享，员工数量不多，几名核心员工就足以完成对客户品牌在社交网络上的维护。因为低廉的办公成本，这样的公司只要拥有 1~2 家大型的广告客户就可以维持整个公司的运营，并且给员工不错的薪水回报。而 4A 公司为了支付高昂的办公成本，需要维护大量的客户，但是因为员工数量众多，支出庞大，4A 依然难以给大部分员工提供满意的薪水。

可以肯定的是，今天的广告公司想要突破薄利模式、甩开高昂成本确实并非易事。因为这种薄利模式的选择源于广告公司彼此之间服务同质化导致的价格战。中国的广告业经过 30 年的发展，无论是国际 4A 还是本土公司，广告代理公司向客户提供的服务无非就是消费者调查、广告策划、广告创意和最终的媒体购买。广告代理公司彼此之间的服务越来越同质化，而加入广告行业的广告代理公司的数量却有增无减，整个广告市场已经进入到了充分竞争的红海市场。最为致命的是，如今很多广告主认为广告公司提供的专业服务并不具备较大的差异，不愿为知名广告公司的专业服务付出溢价。广告代理公司以帮助客户品牌实现差异化从而达到溢价目的立身于江湖，现如今却无法实现自身品牌与竞争对手的差异化，这不得不说是对广告代理公司莫大的讽刺。无法提供独特的“产品”来吸引客户，广告代理公司最有效的竞争手段就只剩一条——降价。毫无疑问，这种简单粗暴的价格战，对于广告公司应对市场竞争无异于饮鸩止渴，对于广告生态系统和广告专业地位来说更意味着巨大的破坏。

小结

当曾经的美好理想照进无奈现实的时候，我们不得不承认，4A 公司的发展确实遇到了瓶颈。这场由新媒体崛起引发的变革更新了现有的媒介格局以及受众获取信息的方式。来势汹汹的互联网公司手中掌握着渠道资源和消费者数据，甚至在广告公司业务领域频频发起挑战。在外部环境的冲击下，广告公司内部人才流失、流程僵化、低价竞争等问题更加凸显。俗语讲船小好调头，而如今 4A 公司大部分都是年营业额数亿元的庞然大物，月费、媒体返点、直接佣金构成了现在广告公司收入的主要来源，为了维持公司的正常运营，没有公司敢于贸然放弃原有的核心业务。因为精力和资源依然被原有的核心业务所牵绊，4A 公司在面对转型时投入的资源和决心也远远不能与新兴公司相比。变革，舍不掉现在既有的利益；不变，又无法应对新兴公司的强势冲击。变，又要怎么变？是推翻原有的经验积淀，重新来过？还是继续坚守广告公司原有的业务模式，逐步改良？如果要变革，在保留和扬弃之间又应当如何取舍？以 4A 为代表的广告代理公司未来的方向何在？的确是一道摆在我们面前，值得深入思考的时代命题。

最后，让我们用中国4A第十届理事长、北京电通广告有限公司常务副总经理李西沙先生在最近一次接收新会员入会时的发言作为本书上卷的结语：“4A是一种标准，这种标准是专业性、领先性的服务，并且力争让4A服务于客户的每一个案子都很经典、可复制、有影响力。我们要在‘服务、创意、创新、诚信’四个方面坚持做好，让客户欢迎，让消费者满意。”

4A是一种使命，这个使命就是我们要努力走在行业发展的最前沿，为广告人搭建更广阔的平台，助力广告主实现梦想，引导消费者不断地走向新生活，促进中国广告事业的不断进步与发展，为国家市场经济的繁荣做出贡献。“不待扬鞭自奋蹄”是4A人自觉奋斗不忘使命的真实写照。

下卷

第六章

缘起

在开始进行中国4A未来发展研究这个项目的时候，研究团队同奥美集团大中华区董事长宋秩铭先生讨论。宋先生说："希望这本蓝皮书可以撼动广告行业。"陈刚教授的回答是："可能撼不动。这是一个自然进化的过程，即使想明白了，但是做不到"。[①]

行业有自身发展的内在逻辑和动力。因为情感、观念、经验、利益、管理体系，以及自然的惯性和惰性，面对有史以来最大的历史变革之一，百年来形成的现代广告业确实显现出手足无措、力不从心、举步维艰。

中国4A的原文是"The Association of Accredited Advertising Agencies of China"，这中间有两个非常关键的字"Association"和"Accredited"。Association即协会，各会员单位同处一个行业，可以看作一个同呼吸共命运的利益共同体，存在着很多共同利益，也面临着不少相同的问题；Accredited即公认的、可信任的，各会员单位在这个行业中的专业能力和运营水平广受认可，被充分信任。

中国4A正式成立已经有十年光景，十年的时间周期对于现在这个急速变

① 资料来源于项目组2015年6月对奥美集团大中华区董事长宋秩铭的专访。

化的世界来说已经显得特别漫长，十年已经累积了太多的问题和变化，十年已经改变了这个行业的旧日模样，4A 所坚持的专业理想和商业模式正在遭受前所未有的挑战和质疑。

已经被打上“传统”烙印的 4A 广告公司，在今天这个历经互联网洗礼与重构的全新的营销传播环境下，是否依然还能发挥既有的功用？在这个广告主、媒体和消费者全面觉醒的时代，4A 的专业价值是否依然值得期待？诞生于 20 世纪的诸多经典广告理论，是否依然适用于今天的营销生态？更有甚者，有人开始质疑，现在的 4A 公司都是原有 4A 模式的受益者，他们是否真的有自我革命、再造山河的勇气和决心？而且，随着优秀广告人才的大量流失，后继人才乏力，4A 将来的发展是否真的难以为继，没有了未来？

质疑之中，4A 广告公司 Leading Agency（主导代理商）的位置不再稳固，各路后起之秀，数字营销公司、公关公司包括客户自己的 inhouse 公司（内部公司）等轮番冲击，原本紧握在 4A 手里的策略和创意的主导权逐渐削弱，这将进一步动摇 4A 在客户心目中最具价值代理商的角色形象，导致客户大把的预算旁落他人。质疑之中，广告公司逐渐陷入了“钱难挣，人难招”的恶性循环，可想而知，一旦广告公司本身的经营发展出现问题，广告人即便再想激情燃烧、斗志昂扬地为客户提供自己心目中的智慧服务，也只能心有余而力不足了。质疑之中，4A 也开始反思自己的商业模式是不是真的出了问题？为什么原本最具创新精神的广告公司几乎丧失了引领客户的能力，反倒要被客户、被消费者倒逼着去改变、去进步？

不可否认，我们必须尊重和肯定过去十年 4A 对中国广告业的贡献、持续的探索、不断的创新、对行业文化的坚守，但今天4A所遇到的困窘、挑战、冲突、困难，也必须承认路途维艰。只有认清自己，才能突破自己。现如今客户的需求已经突破了4A原有的工作范畴，不再局限于传播层面，他们更需要的是营销上的伙伴，生意上解决方案的提供者，他们需要的是可以被明确评估的服务，甚至要与企业效益、市场份额等指标挂钩，不一而足。4A教育客户、引导客户、掌控客户的能力正在急速退化，更多时候成为客户的执行和附庸。这是4A亟须找出症结并解决的问题。

对这些问题，项目组所进行的研究是不可能一一解决的。项目研究能够做的，是使4A未来发展所面对的问题更加明确，通过一些观点推动大家思考和理清思路，形成一些假设，作为前进路径的参考和地标。

宋秩铭说过，不怕观点激烈和粗粝，希望能够通过该研究和本书的出版，增强大家的紧迫感和压力感。

如果从这个期待来看，本研究希望能够产生一定的效果。

4A已死?

4A已死，传统广告业在衰落，这种舆论甚嚣尘上，无论在网络上，还是在大家的交流中，都是讨论激烈的话题。而在访谈中，我们深切地感受到，关于4A的前途，尤其在北京、上海的广告圈，忧虑大于信心。类似的情绪在行业中不断弥漫。实际上，各种不乐观的迹象是能够作为佐证的。在北京的访谈中，一位被访者的一句话是很好的概括："同过去相比，最困难的是挣不到足够的钱，招不到合适的人。"①

另一个方面，对未来仍然信心满满的也大有人在。根据访谈的情况，大致可以分为三种：

一种观点认为，纵观行业变迁，广告业一直是一个与时俱进的行业。但是，广告最根本的属性始终在起作用，也不会湮灭。比如，"数字营销实际用的还是传统的东西，就是换了新形式、新玩法"。②

一种是承认面临互联网的挑战，但是4A对品牌的理解和把握，创意的专业性，是永远需要的。比如"广告公司的价值在于创意，当创意被解释得很清楚的时候好像人人都可以做，但是实际上创意这个东西很难，它的价值在于扩散力。好的创意和对的创意是不一样的，这两个是有距离的。一个好的公司不只是做对的创意，一方面它要透过很多技术上的门槛去取得什么是对的，同时在这种情况下你又必须去做好的东西，甚至伟大的东西。我觉得走到最后这才是它真正的核心"。③

还有一种观点是4A里面偏技术的公司和新型的数字营销公司所持有的，这些公司是信心最强的。他们认为基于技术的适应和业务的推进，在数字营销传播的新空间中，会大有前途。

而再进一步分析，4A中数字营销传播为主的广告公司的信心大于传统广

---

① 资料来源于项目组2015年4月对中国4A广告人的座谈（北京场）。

② 资料来源于项目组2015年7月对中国4A广告人的座谈（北京场）。

③ 资料来源于项目组2015年6月对奥美大中华区董事长宋秩铭的专访。

告为主的广告公司，本土广告公司的信心大于跨国广告公司，独立经营的广告公司的信心大于集团化的广告公司。

其实，所有的人都认同互联网的挑战是巨大的，但是，对广告公司未来发展的判断出现了明显的差异。

如何看待这种差异？4A 所代表的广告行业的价值真的边缘化了吗？或者说，4A 真的要死了吗？

在路上

如果了解近一段时期内广告业的发展就会发现，广告公司尤其是 4A，很早就开始把互联网作为 21 世纪最重要的发展背景来看待，而且一直都在根据对互联网变化的理解进行调整。IPG 在 20 世纪末就在大规模地进行互联网广告的布局，但是在 2001 年的第一波互联网泡沫破灭中遭受了重大损失。在整个互联网发展过程中，IPG 最大的收益是对 Facebook 进行了投资，在 Facebook 上市后小赚一笔。北京电通在 1998 年就成立了网络互动中心，2008 年成立了电众。奥美也很早就成立了与网络广告相关的部门，2003 年成立了奥美互动 OgilvyOne，之后又并购了华美世纪成立奥美世纪 Neo@Ogilvy，在 2007 年制订了 Digitalization（数码化）计划。

但是，在互联网发展的今天，广告公司对互联网的应对似乎并没有奏效。谈到对 4A 旗下的数字营销传播子公司的整体评价，一些公司的高层管理者也只是用达到了预期的效果这样很谨慎的话语进行评价。而且，焦虑和压力达到了一个高峰，更何况有 4A 已死这样的舆论。

不是 4A 公司没有看到互联网的变化，也不是没有进行适应互联网的调整和变革，但为什么是这样一个结果？

宋秩铭在谈到这个问题的时候，有这样一段话："我觉得这些大的 agency（代理商）都一样，最大的变化是一开始它觉得 digital 是一个新的东西，甚至是一个新的人，一个新的部门，到现在每个人都必须 buy-in（接受），没有办法 buy-in 就会被淘汰，这是没办法的。"

对于互联网的探索，我们还在路上。从没有路到慢慢地走出了路，各个行业都在探索中。这条路的前方还没有铺好，这条路将通向何方？虽然还无法看到具体的景象，但是蓝图已经依稀可见。

互联网自身是迭代发展。早期的互联网，媒体特性较为突出，而今天的互联网，更多地开始成为社会组织的形态。

至少到目前这个阶段，4A 十年对于互联网的探索，总体来看是把互联网作为一种媒体渠道来思考和布局的。在这个探索的过程中，虽有个别的突破，但总的分析思考框架，是基于长期以来累计的营销、广告、媒体的经验。这种探索是一种后视镜模式的探索，概况成一句话：虽有变化，但未来是过去的延伸。

应该承认，这种探索的路不能说是成功的。迷茫与困惑并没有减少，未来的不确定性反而增加了。

2013 年是标志性的一年。这一年，全球广告巨头宏盟集团和阳狮集团突然宣布合并，而不是并购。阳狮集团CEO莫里斯·莱维（Maurice Lévy）在解释合并的原因时说："合并的原因是这些年来新媒体巨头的兴起（如Google），媒介和广告代理的角色越发模糊，大数据的爆发以及科技发展给消费者行为带来的前所未有的变化。"注意其中所说的"媒介和广告代理的角色越发模糊"。当然，2014年，这一合并最终流产。这一年，中国最大的电视广告平台中央电视台的广告收入被百度和阿里超过。

面对互联网的冲击，以4A为代表的广告公司要进行的改变，不是简单的工具的调整，不是增加一个部门，新建一个公司，而是一场真正意义上的整体革命。

从马车到汽车

蒸汽机发明后，当发动机驱动着汽车高速前进的时候，马车夫们虽然很不爽，但是他们认为马车的价值是不可替代的，马车夫的职业也是很稳定的，因为人们出行一定是需要交通工具的。马车和汽车都是交通工具，所以，基于对马车的理解，马车夫们为了适应汽车时代也进行了各种改良，但是结果可想而知。

有些人认为，企业需要营销，广告是营销的工具，所以无论互联网怎么变，这种营销的需求总是存在，广告公司在传统的基础上增增减减仍然会青春无敌。传统营销和数字营销也都是为了解决客户的市场问题，本质上没有什么两样。其实不然。当局者迷，跳脱了旧日格局和思维的我们站在今天，很容易发现马车和汽车其实是两个完全不同的系统和运作模式，传统营销和数字营销自然也是有着质的区别。简单做个比喻，如果把缺少互联网基因的传统广告公司看作原始的马车，依靠数字技术驱动的营销公司则相当于汽车。汽车和马车的差异不是简单多了一个发动机——工具的区别，它是围绕蒸汽机技术再造的一个全新的系统和运作模式。

我们目前所处的阶段就像是马车逐渐向汽车全面过渡的时期，很多广告人只是看到了工具的变化，只是生硬地将互联网作为一种媒介，或者一种新的传播方式，这跟粗暴地在马车上安装发动机是一个道理，根本就是误入歧途，更不要说解决问题了。时代不同了，再沉浸在“我赶马车技术好，马好、车身制作好，其实汽车跟马车没有本质区别”这样的认知中，只会越跑越偏，处境也会越来越尴尬。

互联网是有史以来最重大的技术变革之一。2012 年，北京大学陈刚教授出版了《创意传播管理》一书。该书基于长期对互联网的研究，形成了分析数字营销变化的框架，这个分析框架是这次项目研究的主导方法论。根据创意传播管理的理论，互联网最终改变的是社会，而不仅是广告业。如果从社会变革的角度，我们可以看到，互联网构建了全新的数字生活空间。在数字生活空间，原来构成广告产业的各个主体——媒体、消费者、广告主、广告公司，必然发生重大变化。

从媒体到数字生活空间

现代广告业是基于大众传播的发展、大众市场的规模化发展起来的。或者说，现代广告业就是工业化大众传播的伴生品，而且，广告业主要是利用媒体帮助企业为专业的广告服务创造价值。所以，广告业最熟悉的就是媒体。

很多人用新媒体指代互联网，这种表述是不准确的。互联网确实具有媒体的属性，尤其是在发展的早期，互联网基本上是传统媒体的电子版。但是，互联网技术的发展，使得这种技术革命的本质逐渐显露出来。2.0 时代以后，互联网真正开始对每一个人进行了链接，电子商务的发展，企业可以直接同每一个用户在互联网上对接，大数据的技术使得互联网上这种人与人、企业与人的直接交流沟通更加容易操作和管理。虽然互联网上还存在着类似传统媒体的传播交流方式，但是，互联网的发展已经远远超越了媒体。只从媒体的角度研究互联网同盲人摸象无异。对互联网所创造的新的形态，《创意传播管理》一书用数字生活空间进行了概括。

数字生活空间是讨论广告业变化的最直接的背景。在传统媒体的环境中，广告业形成了稳定的服务模式和商业模式。而在数字生活空间之中，无论是广告的业务，还是生意，都在遭遇巨大的挑战，都必须创新发展。

传统在衰落。21 世纪的第一个十年，是报纸的悲剧时代。2010 年美国报业广告收入（含报纸网站收入）相当于 1950 年的水平，报业的规模已经无可逆转地退回到 1950 年以前。相比美国报业表现出的灭顶之灾式的惊悚，中国报业的萎缩相对温柔一些，但也开始呈现明显的日落西山之象，广告收入不断下滑。据某本土 4A 公司营销负责人透露，其所在公司“近几年来自报纸的广告收入连续腰斩，已经从五年前的10亿元锐减到7 000万”。[1]报业收入的这种“断崖式”下降背后的原因很多，但最直接原因莫过于读者减少，客户不再看好报纸的营销价值，而且是当机立断地减少了报纸广告的投放。而电视方面，相关数据显示，2014年中国互联网广告营收规模超过1 500亿，在2015年将会总体超过电视广告的收入，两者之间的差距被迅速拉大。虽然近两年随着综艺节目的火爆，电视媒体好似出现了一定程度的“回暖”，表现生猛，但这只是一种阶段性波动的生猛，电视媒体的悲剧时代刚刚开始。因为单纯从媒体属性上看，互联网几乎可以完全替代电视以及报纸等传统媒体的功能，而且内容更丰富多样，使用体验更好。尤其是在乐视等新型的互联网电视的冲击下，传统电视媒体原先几乎是唯一的家庭终端，现在已经不再是不可替代。在这样的环境中，电视媒体的价值一定会被稀释并逐渐下降。更重要的是，互联网实现了对媒体的全面超越，它创造了一种新的生产生活环境。

数字生活空间是对现实生活空间的虚拟和拓展。数字生活空间突破了现实生活的地理空间范围，聚集了远远超过现实生活空间的人群，也形成了规模最大化的市场。在数字生活空间，企业、目标对象共同处于一个基于语义和数据构筑的环境之中，可以进行充分的一对一信息交流，当然也带来了所谓的碎片化和海量的信息冗余。面对这种超巨型市场，面对这种可实现的一对一的人际交流，最重要的是广告主必须重新定位，进行企业再造。这种互

① 资料来源于项目组2015年7月对某本土4A公司营销负责人的专访。

联网化的企业或者数字化的企业再造，陈刚教授称之为企业的服务化转型，这个过程尚在摸索和推进中。

对广告公司而言，存在着两个问题。第一个问题就是适用于传统大众传播市场的品牌和广告的模式，在数字生活空间中效果衰减。在新旧交替的阶段，如何根据数字生活空间的特点，不是简单地沿用传统的创意、媒介执行模式，也不再是在原有模式的基础上修修补补，而是探索科学有效的数字营销传播模式，这是广告公司在转型过程中必须解决的困难。第二个问题，数字生活空间广告主的服务化将会加速广告公司的革命。许多传统的模式将更彻底地丧失价值，而同时，许多新的需求在服务化转型的过程中会产生。而针对这些需求的解决方案并不是现有的广告公司最擅长的。判断新的变化，抓住新的机会，创造新的价值，是4A在互联网的时代大潮中最重要的发展方向。

从消费者到生活者

在访谈北京广告有限公司董事长兼总经理胡纪平的时候，她谈到互联网带来的最大变化，是消费者变了。确实如此，在互联网的环境中，传统意义上的消费者已经不再存在，他们成了新的数字生活空间里的生活者。生活者是过去企业从未遇见过的群体。

消费者的概念经常导致的倾向是把目标对象简化为类型化、抽象化的群体，进而简化为消费过程中具有特定的消费心理和消费能力的理性化的人，广告公司要做的是帮助企业通过具体的传播策略，影响消费者的心理，最终促成消费者的决策和购买。生活者则意味着企业需要通过营销传播沟通的人群，并不仅是单面性的消费群体，而是海量的一个个活生生的、有血有肉的人。他们生活在数字生活空间，有着丰富的特性。在传统的环境当中，把握和具体接近每一个消费者几乎是一个不可能实现的梦想，而在数字生活空间，企业所面对的正是以往可望而不可即的生活者。[①]他们不再是类型化的，不再是以往通过抽样调查所获得的抽象而笼统的群体，他们很真实地生活在数字生活空间。他们不仅体现出消费者、传播者、接收者的身份，他们的职业、爱好、社交、购物等，真实地生活在数字生活空间的他们，利用大数据，一切行为都变得有迹可循、有据可查。他们的自主性更强，便捷的互联网让其获取信息和表达自我的渠道变得更加丰富和多元；他们在享受个性化服务的同时，更强调个人被尊重，因此干扰性强的硬广告单向传播越发难以左右其消费主张。他们正在主宰广告，而不是被广告主宰。从消费者到生活者的变化，意味着在新数字生活空间，企业和广告公司必须真正了解互联网带来的变化，从观念到操作进行创新，不断调整策略，使生活者同企业和品牌建立深度连接，甚至共同创建企业的品牌价值。

客户的觉醒与替代

在数字生活空间中，客户逐渐觉醒，原来由传统的广告公司提供给客户的服务和价值很多时候已经由客户自主掌控，自己承担，传统广告公司的价值发生了很大的变化。

---

① 《创意传播管理》，陈刚等著，北京：机械工业出版社，2012 年 1 月。

在传统的营销传播环境中，客户较为依赖广告等各种服务代理商。比如通常广告的操作模式是由广告客户提出具体的营销传播需求和目标，而具体的策略执行、媒体投放和传播计划全部由广告公司来承担，这其中广告客户起到的只不过是监督广告公司的贯彻执行而已。因而，在大众传播时代，广告客户虽然是信息的源头和广告费用的支付者，但是在具体的策略和执行中广告公司的专业价值和核心作用是举足轻重的。

在数字生活空间，传统营销传播服务公司的专业价值遭受颠覆性挑战。传播管理成为客户（企业）日常性的工作，他们不但决定传播策略和传播内容，还开始承担更多的责任，参与数字营销传播的具体执行，对随时发生的情况做出及时的反应，调整现行的创意传播策略。在这种背景下，广告客户面对数字生活空间的营销传播拥有更多的积极主动意识和自我掌控意识，原来很多由广告公司提供的服务，客户已经可以自己解决。比如广告客户可以利用传播管理技术系统密切关注数字生活空间中生活者的表现，获得所需的实时数据；广告客户可以通过生活者的关注点，参与到具体的创意传播活动中，和生活者一起协同创意，扩大传播。广告客户可以随时获得数字生活空间中生活者的信息反馈，利用生活者数据库进行一对一的沟通传播。在这个过程中，广告客户对数字生活空间的各种传播资源了解得更加透彻，使用得更加自主，甚至“全程”参与到数字营销传播的执行流程中，积极主动地关注和掌握数字生活空间中品牌信息的传播扩散和创意执行。[①]

---

① 《创意传播管理》，陈刚等著，北京：机械工业出版社，2012 年 1 月。

项目组在同来自客户（企业）方的代表访谈时，经常听到“广告公司要改掉主导企业营销传播活动的作业习惯，没有人比我们更了解自己，在这类工作中广告主本身才是主角”等诸如此类的声音。在这种背景下，广告公司必须重新定位自己的角色，重新确立自己的价值，必须研究和接受客户在数字生活空间营销传播的新变化，辅助和配合客户数字营销传播执行的需要，创新服务模式，创造自己生存和发展的空间。

跨界融合的冲击和替代

在数字生活空间的营销服务中，传统的广告公司、公关公司、活动公司、媒介购买公司甚至媒体公司等专业化的分工在消融，提供各种专业服务的营销传播公司之间的界限越来越模糊，跨界融合成为一种新常态，他们之间专业核心价值的区隔不再明显，而是在数字营销传播的框架下，混融在一起，共同为客户的营销传播活动服务。因此原来的广告公司不可避免地要被重新定义。

在数字生活空间，基本上所有的企业和生活者都可以通过互联网平台建立直接的连接，这导致广告公司的价值流失日趋明显，广告公司作为广告主和消费者之间桥梁的功能越来越弱。互联网平台大量引进策划人员，开始抛开广告公司主动对接广告主，不断输送一手的信息给客户，包括直接给客户以符合策略思考的建议，甚至完成各类广告素材的制作，导致广告公司的策略、执行价值下降。客户对此事自然是喜闻乐见。在传统的营销传播框架下，企业要进行营销传播活动主要还是按照营销活动类型进行，如广告活动配合公关活动和促销推广活动，而这几部分通常需要由广告公司、媒介购买公司、公关公司和活动公司等分别承担，但是这种模式已经不能适应数字生活空间中营销传播的需求。

数字营销传播的目的，是在互联网上创造积极的有影响力并能够转化成销售的商业信息和内容。因此，在数字营销传播的框架下，各种营销传播形式的服务已经跨界融合在一起，不再有明显区分，而是共同根据数字生活空间的内容形态、传播特点和内在逻辑，构建一个新的相对完整而清晰的传播体系。传统的营销传播服务的类型的区隔变得模糊。在这个环境中，由于包括广告公司在内的不同营销传播服务公司彼此的可替代性，竞争更为残酷。

技术的替代

没有技术的支持，数字营销传播是无法落地的。而随着数字营销传播的发展，大量的新技术会被不断地研发和应用，比如H5、O2O（线上对线下）、DSP（需求方平台）、DMP（数据管理平台）等。而且，互联网技术还处在不断迭代的过程中。在数字生活空间，新的技术的应用将会部分取代原有的营销传播服务中的人力劳动。其中冲击最大的应该是传统的媒体购买模式、广告效果监测、消费者调查的执行和内容监测分析等领域。

利用大数据等技术，理论上可以进行全网的统计，完成对生活者整体的动态监测调查，通过行为分析、关系分析和语义分析等技术，能够较为全面地对消费者的各项特质和需求类别等进行详细研究。因此，传统的消费者的调查执行和传统媒体购买业务等专业性很强的工作，在数字生活空间通过技术就可以完成，并且更高效和精准，这是以前传统方式所难以望其项背的。还有一个方面必须考虑，随着客户的逐渐觉醒，其在营销传播中的主导意识更强，这些相应的技术和相关人才自然也会引进，很多原本属于广告公司的工作可以自主完成，这对 4A 公司而言当然不是个好消息。对营销传播领域来说，原有的服务无论多么专业，多么成熟，在互联网时代，必须要考虑被技术替代的可能性有多大。如果技术可以实现，那么原有的人工服务的价值就必然会缩水。如何应对这种变化？首先要面对现实，观念更新。如宋秩铭所说：“凡是流程和技术能解决的问题都要放弃掉，因为挣扎也没有用”。[①]

人才的更新换代

对广告业来说，人才是最终的核心财富。互联网的发展带给 4A 更大更深远的影响其实是对人才需求的转型。4A 曾经集中了广告领域最优秀的精英，人才的策划和创意能力一直被看作广告人的核心竞争力。现在的情况是越来越多的专业广告人才离开 4A，或自主创业，或加盟客户一侧，或转战数字领域，造成的结果一方面是传统广告专业人才的流失和断层，一方面是适应数字技术发展需要的广告专业人才的短缺。目前比较尴尬的是，4A 并没有找到解决上述问题的好方法，无法吸引技术型人才的火线加盟，而且不少 4A 还在用传统的观念来招聘创意和客服人员，使得很多非传统的创意人才、营销人

① 资料来源于项目组 2015 年 6 月对奥美集团大中华区董事长宋秩铭的专访。

才、技术人才难以进入今天的4A。没有新鲜血液、新鲜力量的介入，4A的自我更新与蜕变将很难顺利完成。

北京电通广告有限公司常务副总经理李西沙总结道，4A要发展，必须“重视技术人才，尊重技术人才，给他们发挥价值的空间”。比如，电通曾经为打造惊艳一时的iButterfly（虚拟蝴蝶）案例的出品人，设置了一个创意与技术结合的全新职位Creative Technologist（创意技术官），让他的自我价值得到最大的肯定和尊重。①

奥美宋秩铭先生表示：“以前我们去招一些资深的人来，首先看他有哪些从业资历或者成果，现在这个看法必须有所改变，我们要看这些有经验的人在未来是否能够学习和改变，这是我们看重的。另外一方面，我们还会去培养一些完全没有经验的人，但他要对广告有一些了解和天分。这实际上是很自然的，一些二十五六岁的人，文笔很好，每天泡在数字的世界里面，可以立体地去反映一些事情。这些人虽然不懂广告，但是我们会吸纳进来，让他们了解广告，快速地去学习。”不过宋先生也坦诚：“我们到现在还是没有一套好的方法可以招到人才。”②

不过实现人才的更替，吸纳新的人才加盟，自我培养技术型人才，是需要投入的，不管是时间还是金钱，实际情况是大多数4A公司都会受到集团财务数字的严重束缚，其实并没有多少大动作，目前来看还都是些小规模的尝试。除此以外，4A也在通过其他渠道获取技术支持。比如说通过资本手

① 资料来源于项目组2015年6月对北京电通广告有限公司常务副总经理李西沙的专访。

② 资料来源于项目组2015年6月对奥美集团大中华区董事长宋秩铭的专访。

段在亟须提高的技术领域投资布局，把技术优势出众的公司收入囊中，其实就是对人才的变相收购。IPG 集团很早就开始关注，投资了很多数字化公司，WPP 集团也在 2000 年以后开始关注。

对于 4A 而言，一方面需要用科技的手段解放部分劳动力，将更多需要体力的工作交给技术，另一方面也需要用“科技 + 数据”武装自己，并培养真正从大量数据和线索中提炼出策略方向和洞察的能力。竞立媒体企划业务总监梁俍认为，并不一定需要一个掌握多门“技巧”的“全才”，而是要能够从全局思考问题，提出策略的“全才”。简单概括就是“收集和整理”的工作交给技术，“提炼和判断”的工作交给人。[①]

从标准化到试错

在传统营销的时代，理论、框架、模式和方法都非常成熟。所谓的专业化，就是基于既有的理论和框架指导实践，因而可以不犯错误或少犯错误。4A 更是由高度标准化、流程化的文化所主导。然而互联网的破坏式创新、替代式发展，使得现有的规则体系都在被打破，在这个阶段，4A 应适应时代的变化，有意识地鼓励和支持容错文化。

中国互联网能够高速发展，最关键的一点就是基于中国人口红利的快速

① 资料来源于项目组 2015 年 4 月对中国 4A 广告人的座谈（北京场）。

规模化试错。在试错的过程中，当然绝大部分“先烈”会倒下去，但一定有为数不多的在不断试错中依然站立的人，这些人就成为英雄，而他们的经验和模式成为未来进一步发展的基础。所谓试错，就是没有现成的理论和模式，没有清晰的规则和道路，只能依托信念和机遇，向着甚至不太明确的方向试探着前行。

传统广告行业的经验在互联网环境下逐渐被边缘化，价值在不断流失，必须要进行变革。目前变化还处在加速的过程中，并没有进入成熟稳定的阶段。一切都刚开始，一切都在往前奔跑，谁最终能顺利跑到终点，最终成为冠军，现在看还为时尚早。

目前这个变化的阶段，好比在20世纪90年代到21世纪初的中国广告业，那时4A是行业标准和业界典范，整个广告产业在学习中成长完善起来。对广告公司来说，今天又是一个新的学习阶段，需要紧跟技术、环境的变化，不断改变自己，持续学习。这个阶段没有方法论，不能拿传统的营销传播理论去套，整个过程是要在学习和试错中不断发展的，试错也是被环境、市场、消费者、产业选择的过程。

正如广东平成广告有限公司董事长兼首席执行官吴晓波所说：“未来广告的发展模式到底怎么样，其实就是零距离，没有边界的零距离，客户零距离，媒体零距离，供应商零距离，消费者零距离。现在的创意策划执行也都要变化，就是现场策划、即兴创意、同步传播、持续优化，或者就是叫作持续试措，不可能像原来那样，我们三个做研究，三个做调查，三个做策划，最后做出来一个，上线之前那个东西还要做检测，现在不用了，直接投放，然后等有了反馈再去做调整。”[①]

广告公司的变革需要容错文化。容错文化不是鼓励和支持一起犯错误。容错文化包容和肯定的是，在大的方向正确前提下的不断尝试、探索甚至失败。所以容错文化最重要的是两点：一个是容错文化的引导者一定要自身对时代发展的趋势和方向有很好的理解和判断，一个是要积极推动参与者的动手、操作和实践。所有的创新一定是试错的结果。有史以来最伟大的试错，就是中国改革开放30年的创新发展。这种试错被表述为两句话，一句是“摸着石头过河”，一句是“不管黑猫白猫，捉到老鼠就是好猫”。第一句讲的是试错的过程，第二句讲的是试错的标准。互联网时代是一个试错的时代。在数字社会整体框架还没有构建起来之前，试错将是一个长期存在的主导文化。[②]

现阶段所有的替代和试错还都在加速推进当中。大众传播时代正在过去，互联网所构建的数字生活空间，是以新型的人际传播和组织传播为主，传统4A原有的创新精神、商业模式、人才结构和管理手段确实跟不上市场的需求，过去的经验和直觉已经与今天瞬息万变的商业环境有所脱节，传统4A必须加快试错和学习的速度，剩下的机会和时间不会太多了。

---

① 资料来源于项目组2015年7月对广东平成广告有限公司董事长兼首席执行官吴晓波的专访。

② 陈刚：《容错文化》，发表于《广告研究》杂志，2015年第3期。

第七章

数字技术的冰火两面

“我知道广告费有一半被浪费了，但我不知道被浪费的是哪一半”——广告界老生常谈的一句话，还是会被经常提起。约翰 · 沃纳梅克当年的终极一问，几乎成了广告行业的世纪难题，直指传统广告的软肋。不过随着数字技术被引入营销领域，精准营销的不断尝试，让曾经的世纪难题有了破解的可能。这背后其实是互联网及数字媒体的全面普及促使整个营销生态系统发生的质变。

过去很长时间以来，4A 广告公司主要的商业模式是以广告创意和媒介投放为主，广告创意是其安身立命之本，来自媒介购买业务的收入最为丰厚。现如今，数字技术的发展对广告公司这两部分业务的冲击和挑战表现得最为明显。

媒介购买之殇

每一次可以改变世界的新技术的诞生，总是伴随着一批新兴产业的崛起，同时也把一批无法适应时代前进的旧事物推到了悬崖边上。比如蒸汽机的发明，汽车的盛行迫使马车逐步退出历史舞台；比如电力的发明和广泛应用，使得电灯最终取代了油灯。互联网的技术革新投射到当下的广告行业，影响最大、最先被剥离出去的，可能就是此前广告公司利润丰厚的媒介代理业务。

媒介购买业务的出现是4A集团化发展过程中逐渐摸索出的创新商业模式，成功刺激了4A的收入规模化增长。媒介购买业务或者专业媒介购买公司的出现对中国广告业的发展曾起到过非常重要的作用，在媒体和客户之间架起了桥梁，减少了媒体寻找广告客户的成本，媒介购买公司以其较大折扣的广告价格，专业化的媒体组合策划服务能力，提高了广告主媒介投放的效果和效率。同时，媒介购买公司承担了部分媒体广告资源的营销任务，对媒体的发展有一定的积极作用。

传统的媒介购买方式是人力服务为主，广告主根据自身的营销诉求和目标群体投放需求，形成相应策略，进行媒体谈判，采购相应属性的媒体资源，以实现受众覆盖，进而销售产品、推广品牌。随着数字技术的发展，媒介购买已不像之前那样进行购买和投放，而是通过广告技术平台，自动地执行广告资源购买的过程，也就是程序化购买。

程序化购买的实现通常依托DSP和Ad Exchange（广告交易平台），并通过RTB（实时竞价模式）和Non-RTB（非实时竞价模式）两种交易方式完成购买。不同于传统的人力服务，程序化购买是在对用户数据的分析的基础上，细化目标受众和投放的互联网平台，进而针对这部分人群设计相应的营销策略，再通过技术实现对这些用户会浏览的广告位进行匹配。

程序化购买为何受到追捧终究还是效率问题。随着互联网媒体资源的数量和种类的井喷式增长，尤其是移动互联网时代媒体分散化的进一步加剧，广告主想在一个campaign（广告活动）中采购多个网站或者多个广告网络资源的过程变得越来越烦琐。如何能够将广告的投放做到更智能化、更精准化以及效果更优化，成为所有的广告主都关注的问题？程序化购买的出现为解决这一问题提供了可实现的方案，程序化购买最大的改变在于对从广告主到媒体的全部投放过程进行了数字化改造。

在传统的广告投放模式中，广告主可以通过以下渠道进行广告投放：1. 广告主直接购买媒体资源，通过媒体广告部直销团队，直接购买其优质广告位资源；2. 广告主通过广告代理公司购买媒体资源，即广告代理公司为广告主进行策略分析、代理投放，包括媒体选择及预算分配等。

程序化购买从根本上改变了广告交易方式：通过大量媒体资源的介入，帮助广告主最大化提升到达率，用数据和技术去识别受众和完成购买，将广告投放到会购买你产品的消费者眼前，更精准，更有效率，投资回报率更高。程序化购买真正实现了从媒介购买向受众精准采购的转变，同时在投放过程中不断进行实时优化，通过不断的数据积累和优化，甚至可以向消费者发布定制广告，提升广告投放的效率和效果，大大降低广告主的投放成本。

4A曾经比广告主更懂得消费者和传播科学，可以更准确地发现受众并且制定极具针对性的传播策略，广告主必须依靠广告公司才能实现更好的传播效果。现在的情况是，很多技术领先的数字营销公司为了更好地争取客户，已经面向市场逐渐开放程序化购买技术，广告主可以选择 DSP 系统软件，自主执行实现媒体的购买和投放，或者接受服务方的收费服务，在服务方的帮助下更好地完成这一任务。而这方面的技术和专业人才是 4A 目前所缺乏的。

加之现在的营销方式下很多业务的界限非常模糊，客户可以让媒介公司、公关公司、内容营销的公司，或者媒体方的创意团队等不同类型的公司来做，因此 4A 的竞争对手已经不限于原来其他的 4A 公司，一下子多出了很多竞争对手。这些公司规模可能不大，业务也许不多，但是他们在自己的领域做得精做得专，所以 4A 在传统营销传播产业链中所拥有的优势，由于技术基因的缺失，在数字营销时代已经逐渐被其他公司所蚕食，逐步丧失领先优势和专业性。

应当意识到，这种变化不是阶段性的，而是在时间线上有逻辑关系的；不是片段式的，而是从上游到下游，从源头开始的营销方式的变化。互联网技术就像一条引线，先是改变了市场中某一些触点，接着由点到线、由线到面，整个营销生态系统都受到了影响。

北京电通广告有限公司总经理长崎之保在接受项目组访谈时提到：“现在中国的经济增长放缓到 7% 左右，而且是竞争非常激烈的时期，客户考虑的是怎么才能够打出品牌，把业务拉起来，所以对策略的要求比以前高了。以前的媒介策划非常简单，25% 投电视，10% 投报纸，剩下的 10% 投平面、投广播，都是很单纯的媒介策划。现在不同了，现在有一部分预算是考虑怎么高效地来用这个预算，也可能是根本没有传统投放了，而是只有数字和促销了。现在没有投放比例这种规则了，而是怎么最大化体现品牌的价值，跟销售挂钩，怎么能够带出成果，这个成为我们需要考虑的重点。”[①]

程序化购买技术是以大数据为基础的，它开始摆脱传统的人力服务方式，通过数字平台广告主自动执行广告媒体购买的流程。不需要谈判价格，策略分析可以在大数据DMP平台上呈现完成，需要的服务也更多的是咨询服务，执行通过DSP自动匹配。虽然目前客户还更多地需要媒介服务类公司承担DSP的服务，这类公司有返点作为收入，但是，需要技术的发展和广告客户对数字营销传播的熟悉，对类似传统的媒介服务类的业务需求会不断下降，而支持媒介服务类公司的收入模式也会发生变化。过去的基于媒体投放总额的服务费加返点奖励是这类公司的主要收入，但是，未来的变化是策略分析服务费（同投放总额不挂钩）和互联网平台的返点作为承担相关服务公司的主要收入，这种收入与过去相比会有大幅的下降。而且，广告客户有可能会自己执行DSP，服务类的公司根本拿不到互联网平台的返点。世界广告主联合会的一项针对43个全球知名品牌的调研报告显示，2014年品牌利用独立交易平台的比例上升到29%。2014年宝洁更是宣布70%~75%的数字广告将通过程序化购买平台完成。

随着类似技术的成熟和更广泛的使用，广告公司的媒介业务部门或者媒介购买公司显然将遭受重创，利润空间将会被进一步压缩，这将直接导致广告公司整体营收的下滑，直至引发广告公司格局的变化。广告公司必须调整

① 资料来源于项目组2015年6月对北京电通广告有限公司总经理长崎之保的专访。

经营策略，开辟新的业务模式，寻找企业新的利润增长点，以弥补因媒介业务收入的下滑带来的损失。

全面激活创意

数字技术对广告创意的影响越来越大，开始成为广告创意新的驱动力。广告作品的本身创意和设计制作等深受技术发展的影响，数字技术对广告创意的意义不仅在于进一步实现创意表现，放大创意效果，更在于科技给了广告创意以更大的想象空间。尤其是现在客户对广告效果的要求越来越严苛，广告信息的意义不只在于传播和曝光，原来 4A 比较擅长的大 TVC（电视广告）大平面的大创意，需要向以技术驱动的小创意、动态创意转变，因为客户更在意消费者的互动与转化，能给客户带来更多的生意。H5、LBS 定向、O2O、智能硬件等创新技术在广告创意中起到的作用很具有代表性，符合客户从展示广告向效果广告的进阶要求。

H5 2014 年，H5 突然迸发并被广泛应用。H5 技术是一个可以通吃各种终端设备的跨平台语言，从技术层面让创意内容跨平台传播成为可能。未来一个 H5 版本的内容即可畅行于各种端与屏，最大限度满足移动多终端时代人们跨平台的刚需。H5 的广泛使用让人不禁回想起当年 Flash（固态存储器与动画编辑器）技术在广告创意制作上的流行一时，两相比较，Flash 的局限性显而易见，技术的更新换代对广告创作的现实影响不言而喻。当然，技术这种东西只有更好没有最好，醉心于创意表现上的炫技没有意义，重要的是吸引消费者的关注和转化。

“吴亦凡即将入伍?!”的H5案例，2015年上半年一时间刷爆朋友圈。分解下这个案例的亮点：首先是吸引眼球的标题，进入以假乱真的新闻界面，接下来吴亦凡跳出新闻页面并撕下画面，然后视频来电显示等环节紧凑连接，最后吴亦凡亲身视频告白，原来是“入伍”游戏《全民突击》做明星队长。整个案例除了“吴亦凡入伍”这个创意以外，更为出色的是执行，因为有些时候做到比想到更重要。这个案例涉及的素材包括文字、图片、MP4（一种使用MPEG-4的多媒体电脑档案格式）格式的视频、MP3（一种能播放音乐文件的播放器）格式的音乐，如何让这些元素无缝衔接？如何实现让吴亦凡从新页面中跳出并将画面撕下，再流畅转场给粉丝视频来电？如何让这个H5兼容多平台和渠道？比如微信、腾讯新闻、新浪微博等，每个渠道又有iOS和安卓系统的各种版本。这背后其实需要大量的技术重构来支持。很可惜，这么出色的H5案例不是出自4A公司，也不是其他任何一家广告公司，而是腾讯游戏官方设计团队的作品，是出自客户之手。技术之上，客户已经逐渐实现对广告公司的超越，不再像过去那样依赖广告公司的帮助。

互联网服务的特点就在于快速迭代，迭代的速度就决定了服务的竞争力。H5只是快速迭代的互联网技术洪流中汹涌而出的代表。在类似这种技术的研发方面，实际上很多4A广告公司相较于小而精的互联网科技公司、社会化营销公司并不具有优势。在新的传播产业链上，像Google、Facebook这样的公司凭借自己的技术，开始直接为广告客户提供营销解决方案，国内的腾讯、百度、阿里巴巴等互联网公司都已开始为广告主提供类似的直接营销服务。

LBS+O2O　2014年麦当劳开展的一场“樱花甜筒跑酷0元抢”活动，就是一次基于LBS技术的O2O精准营销。LBS是一种互联网的基本功能：通过用户饮食、消费的个人偏好数据收集，广告主不仅能准确知道消费者是谁，还能精准定位他们在哪儿，汹涌的流量背后有着巨大的商业价值。在麦当劳餐厅一定范围内的消费者，无论是打开百度地图，或是使用“附近”、“搜索”功能时，都能看到一个粉嫩清新、漂浮在地图上的樱花甜筒标示，很好地撬动了用户的好奇心。百度地图结合LBS大数据分析和智能推送技术，对麦当劳甜品站周边三公里的用户进行匹配，挑选部分用户推送了“樱花甜筒跑酷0元抢”的优惠信息。用户在规定时间内跑到麦当劳甜品站，就可以免费领取樱花甜筒。该活动涵盖了从消费者行为习惯，到消费者关注，直至到店消费等一系列过程，给消费者以新奇体验，与消费者进行情感沟通，巧妙且高效地实现了线上引流与线下效果的完美连接。

在这些从传播到触达再到有效转化时间更短、速度更快，创意实现对技术要求更高的广告活动面前，那些缺乏技术基因的4A广告公司很快就显现出自己的先天不足。广告公司的创意部门不懂技术，执行人员不懂技术，甚至很多的管理层对技术问题也是一知半解，使得很多原本精妙的创意囿于技术难以实现。但是这些新技术的应用不只是为了广告创意的精彩表现，包括但不局限于创意执行层面，更重要的是对广告创意本身的思考、发想的激发与内在驱动，由技术主导的思维变革，正是这些技术的广泛应用才给了从业人员以更好的创意发想思路。

智能硬件＋场景 杰尔鹏泰是数字技术和广告创意结合比较具有代表性的4A公司。杰尔鹏泰有一个叫作“明日厨房”（Creative Council）的内部项目，其特色在于以物联网为主菜系，以智能科技佐味。杰尔鹏泰首席创意官沈翔表示：“明日厨房在意的是，创意人怎样还有机会做出好的东西，可以真正帮助到品牌。所以明日厨房指定要求要以物联网为核心，或者说创意应有技术含量。”① 如果说一道菜口味的好坏取决于调料与火候的把控，那好的创意同样也离不开几个要素的恰当应用，比如对的时间、对的人、对的地点、对的方式，对的时间、对的地点，即对场景的要求，对的人、对的方式则可以通过技术的手段或产品，比如智能硬件实现。

2015年8月3日，一辆装有健康监测设备的“健康大巴”在北京CBD驶过，这辆健康大巴的核心就是“明日厨房”的创意团队为乳酸饮料品牌伊利每益添量身定制的一道全新“私房菜”——可以充当健康帮手的智能拉环。当公交车乘客手握拉环时，感应装置自动检测使用者的心率、体脂、平衡等多项健康指标，并显示在LED显示屏上。通过下载手机App，乘客随即可以建立自己的健康档案，并更加直接和便捷地监测、比较自己的健康状况。乘客更可以在这个App上与微信好友互动，将自己的健康动态分享至朋友圈并获取每益添优惠券。不知道去哪儿兑换优惠券吗？没关系，乘客可以通过App选择下车路线，找到离自己最近的每益添贩卖点，轻松换购，享受每益添的健康补给。②

---

① http://www.adquan.com/post-1-30427.html。

② http://www.ipengtai.com/main。

这样一个应用传感科技制造的小发明，在消费者乘公交车这样一个再平常不过的生活场景，轻松实现了对消费者的连接；让品牌和消费者直接产生互动；鼓励消费者和消费者之间的动态分享。最重要的是，它够新鲜够好玩，还够贴近人心，杰尔鹏泰“明日厨房”为伊利每益添打造的这道菜和传统广告相比，用更少的钱，却得到更多的满意度，达到更好的效果。

再比如为了推广客户泰康人寿的意外保险，杰尔鹏泰把手机重力陀螺仪技术与消费者的使用场景相结合，提炼出了新的广告创意。陀螺仪的定向性和灵敏度比被经常提及的重力感应还要高。营销人员选择了与几家高使用频率的 App 合作，在 App 中植入广告，只有用户下载了 App 且手机不慎跌落的时候才会激活广告（检测手机的重力陀螺仪是否变化），当用户捡起手机的时候，银幕上显示碎屏的“假象”；就在用户看到手机碎屏错愕懊恼不已时，手机碎屏突然没有了，并弹出广告“我们尽最大的努力，为您提供意外保障——泰康人寿”，前一秒心碎，后一秒欣喜，在那样的场景下给人意想不到的惊喜，其广告效果可想而知。

媒体的碎片化多元化、消费场景的营造、消费者信息的获取、广告创意的生发，不断革新的技术在这中间起到了极大的作用。4A 的挑战在于，越来越多的创意、企划、消费者洞察、媒介购买都要建立在数字技术以及大数据的基础之上，没有足够强大的数字技术为支撑，没有完善的数据库资源，广告公司就失去了和媒体、消费者连接与整合的能力。

互联网近乎替代性的发展使广告行业的许多传统做法不断被打破，但是打破的过程，同时也是行业重构和再度激活的过程，智威汤逊－中乔广告有限公司北亚区首席创意长兼中国区总裁陈耀福以电影行业做对比表示："电影算是传统行业，但是电影生产制作技术的更新换代非但没有淘汰电影，反而让其更有魅力，同样，数字技术之于广告业应该也是一样，idea（想法）的价值永远都在。"[①] 经过冰与火的淬炼，4A 公司的机会在于及时抓住自己的经验优势，以及大客户优势、自身平台优势，不断地与时俱进，将固有的核心竞争力与最先进的技术手段相结合，在现阶段依然还有回旋空间的时候，延续广告公司的专业价值。但从长远看，广告公司最终要做的还是重新获取走在客户前面的能力，只有这样才有办法真正给客户以有效帮助，重新赢回客户的信赖。

① 资料来源于项目组 2015 年 7 月对智威汤逊－中乔广告有限公司北亚区首席创意长兼中国区总裁陈耀福的专访。

第八章

内容为王属于谁？

所有的讨论都不能抽离目前所处的这个时代。互联网的出现几乎填平了广告产业各链条间的鸿沟，互联网的本质就是连接——物的连接、人的连接、信息的连接，以及商业和人的连接。互联网打破了企业与消费者、企业与媒体资源之间的壁垒，广告公司站在各方中间可以谋取的价值空间似乎越来越小。对于以往灌输式的传统媒体，4A 只需要有 Big Idea（好的创意）创作好内容，客户自然会拿来预算做投放传播，被动接受的消费者也没有那么多选择权。如今，在互联网构建的数字生活空间，每天充斥着海量的信息，传统的强制发布已经很难实现高质量、有效率、有影响的传播，信息到受众之间路径不再清晰，不再有机可循，更加不可控。另外随着大数据技术的广泛应用，即便你不拥有数据，你花费一定的成本依然可以获取，在数据信息基本平等的情况下，企业营销传播拼的就是内容。

这是一个内容营销的时代，广告在企业营销过程中所能发挥的作用在消减，广告只是企业内容营销的一部分，企业实现与人的连接，重要的是通过内容（包括但不限于广告）跟他们建立联系。传统广告公司在过去的几十年里面一直在做的核心工作就是企业和消费者之间的沟通，但过去企业所习惯的传统营销传播方式已经不适应当前的需要。在奥美公关北京分公司高级副总裁宋磊看来:“由于互联网技术特别是社交平台的冲击,打破了多年未曾发生巨大变化的传播规律——从媒体到受众之间不再有机可循、规律清晰。这一下子打了我们一个措手不及,原本我们的工作截至媒体就基本结束了,但现在却不行了。”[①]互联网构建的数字生活空间必须走向创意性传播,创造与品牌相关积极的、有影响的内容,与消费者建立连接,实时互动。

从 Big Idea 到沟通元

奥格威曾经说过:“没有大创意的广告犹如在黑夜里海上驶过一艘船一样无声无息。”同时他还表示:“只有大创意能吸引消费者的注意,让他们购买产品。”奥格威是不世出的巨匠,他的很多语录都成为传世经典,直到今天 Big Idea 在广告创意中依然珍贵和有效,但不可否认的是,那些“高大上”的创意已经不再那么流行。如宋秩铭所说:“在现在的环境里必须倒过来,这对很多人来说是很困难的。所以现在有人说,这个时代高大上的创意已经是不可能的了。我们现在当然还会一支片子花费 500 万、600 万,但是这个时代已经快结束了”。[②]

首先,4A 公司 Big Idea 的产出都需要时间和流程,这种节奏已经很难与当下市场和消费者的快需求合拍;其次,在消费者全面觉醒的互联网时代,

① 资料来源于项目组 2015 年 4 月对中国 4A 广告人的座谈(北京场)。

② 资料来源于项目组 2015 年 6 月对奥美集团大中华区董事长宋秩铭的专访。

“高大上”难免给人以疏离感，他们更喜欢“接地气、说人话”的内容；再次，Big Idea往往意味着高成本大制作，一经媒体发布，不管市场反响好坏，企业大把的成本已经是覆水难收，如果广告创意需要调整或者修正，则意味着成本的巨额增加；最后，传统作业模式下Big Idea的推导和成形基本都是来自广告公司一方，整个过程消费者几乎没有参与，后期传播也就难以与其形成强有力的连接关系和互动，更遑论消费者主动参与企业内容创造推波助澜了。

客户的市场感知是最敏锐的。据某国际知名快消品牌媒介营销负责人透露：“4A可以给出很好的想法和创意，但是真正高效的执行还得仰仗本土的广告公司，他们的创意相比4A可能会略显粗糙，但他们更接地气一些，而且确实很快。比如社交平台的一些日常内容我们基本都交由本土公司来打理。”该负责人同时表示，为了更好地衔接企业内外资源，推动传播内容的生产和沟通，公司内部近两年新设置了类似广告公司创意总监的岗位，吸纳的都是来自4A公司的专业创意人才。“一来体现了公司对内容营销的重视，二来这个岗位的设置就是为了提高内容沟通的效率。”① 快——成了目前客户的硬需求。奥美广告北京分公司创意总监东东枪在接受项目组访谈时坦言：“我们不够灵活，不够迅速，不够新锐，我们习惯于给出完美的作品，而不是给出一些不那么完美的，而且只是尝试‘可能会有效果的作品’。”② 完美的Big Idea一定程度上意味着时间成本乃至沟通成本的增加，带来的直接影响就是错失

① 资料来源于项目组2015年8月对某国际知名快消品牌媒介营销负责人的专访。

② 资料来源于项目组2015年4月对中国4A广告人的座谈（北京场）。

市场先机的可能性更大。

宋秩铭坦率地承认这种变化:“从作业上来讲的话,我们在谈 creative(创意)和 idea 的时候是很不一样的,以前我们想一个 idea 的话是拍一个广告影片、平面广告,但现在这个 idea 必须是个 platform(平台),必须很清楚它有能力是一个 platform,在这个 platform 之上你可以 con-make(共同制作)不同的 creative 形式和不同 channel(渠道),去形成这个 idea。另外就是涉及 content(内容)。现在 content 已经不一样了。”

宋秩铭认为,新的CD(创意总监)应该成为 curator,“curator就是策展人。所以你有一个 idea,你怎么去拍电视剧、怎么拍电影、怎么做 event(活动),你在思维上有什么资源可以去形成这个东西”。[①]

在数字生活空间,时间和空间的概念都被重新改写,消费者与我们实时、贴身共处在数字生活空间。真正理解和把握变化中的消费者和营销传播环境成了现阶段广告公司的价值所在。更重要的是,这种应对要快。灵活、迅速成为被反复强调的关键词。我们时刻掌握消费者对于广告营销的一切反馈和后续行为,根据这些反馈随时灵活调整我们之前的做法。我们可能不再只有一套方案,我们只需要有一个“方向”,甚至也不需要过多依靠市场调查论证,我们可以直接把基本清晰的想法投入互联网,再根据消费者传来的反馈数据判断我们下一步的策略和创意方向。

根据创意传播管理理论,这个“方向”就来自对生活在数字空间的生活

① 资料来源于项目组 2015 年 6 月对奥美集团大中华区董事长宋秩铭的专访。

者所广泛关注的信息内容的及时挖掘，然后通过创意量身打造成可以广泛传播的沟通元。沟通元是一种基于内容的文化单元，它凝聚了生活者最感兴趣的内容和最容易引起讨论和关注的话题，一旦投入数字生活空间，就会迅速引起关注，激发生活者热烈的分享、讨论和参与。①

从 Big Idea 到沟通元，中间存在着很大的区别和跨越。沟通元涵盖的内容比 Big Idea 更广泛。Big Idea 是广告创意的核心，是广告公司从客户的角度出发结合消费者洞察提炼出来的，主观上直接带有明显的广告目的或者营销使命。而沟通元则是从生活者的角度出发，抓取沟通元的时候不带有那么强烈的广告意识，显然更容易引起生活者的兴趣，更容易与其建立连接和互动关系，并且，在与生活者积极互动过程中，沟通元会不断地丰富和再造，并不断地延续传播。

根据创意传播管理的理论，沟通元应该具有以下特点：易于识别，易于记忆。一则信息应该包含清晰明确的沟通元。在商业信息泛滥的数字生活空间中，如果信息承载的意义过多，会导致生活者理解上的混乱，反而不利于记忆。可分享是指在沟通元被发送到数字生活空间后，能够立刻引起生活者大规模的关注和讨论，并被他们自发地复制和分享传播。即使沟通元的创造者不给予人为的推动，沟通元也可以在生活者中完成分享的过程，从而通过数量上的分享，实现传播的效果。可延展则是指在数字生活空间，沟通元并不是一成不变的，作为创意传播的核心和起点，其广度和深度都会在传播过

① 《创意传播管理》，陈刚等著，北京：机械工业出版社，2012 年 1 月。

程中不断延伸和扩展，在这个过程中，沟通元被交给生活者，不断被挖掘、被深化、被重塑、被再创造，从而实现生活者与品牌的协同创意。可参与体验要求沟通元必须拥有让生活者参与其中的机会与能力，即便有一些传播活动不能让生活者参与到沟通元的创造或者延展过程中，也需要让生活者有被卷入感，乐于与他人分享和交流有关该沟通元的信息，帮助沟通元进一步完善并进行多次传播。

沟通元的价值在于改变了以往 Big Idea 为广告活动的核心价值和指导思想。在充满各种不确定因素的互联网环境下，Big Idea 作业模式统领下的广告、公关、促销等传统环境下的分类概念已经不适用，各种营销传播手段的边界不再清晰，企业要做的其实不是整合营销传播，而是要找到每个与生活者的接触点，利用沟通元与他们建立连接，实时交流和互动。优秀的沟通元在合适的时间利用合适的传播资源发布，会取得令人意想不到的爆炸性传播效果。

以范冰冰和李晨在微博上公布恋情为例。2015 年 5 月 29 日上午，李晨在微博上晒与范冰冰的甜蜜合影，并配文“我们”，随后范冰冰转发李晨合影，同样附文“我们”，承认了两人正在热恋中。照片中，李晨、范冰冰身穿白色情侣装，面带甜笑。微博发布之后，很短的时间内就看到各大品牌争相效仿之，以“我们”为题进行了内容的创意，在网络上即时发布。“我们”作为沟通元被成功运用。不少企业由于抢占了“借势”先机而且内容创意过硬，取得了很好的传播效果，在李晨微博发出 9 分钟后，向来在微博营销上不错过任何话题的杜蕾斯利用官方微博率先发声，发布一张杜蕾斯安全套的照片，并且文字：“你们！！！！！！！！冰冰有李！！”抢占话题最热点，立刻引起生活者的关注、转发分享和话题讨论。随后，快的打车和滴滴打车也借势发布一张图片，配文字为“我们”，象征着快的和滴滴由竞争对手变成合作伙伴，意蕴深远。之后，小米手机、美的空调、冈本、麦当劳、招商银行、高洁丝都通过各自官方微博发出了创意内容。甚至联合国官方微博也加入到了“我们”的队伍中，晒出了一张联合国秘书长潘基文与妻子的合影，所以有网友戏称：“范冰冰与李晨的爱已惊动了联合国！”

沟通元的出现从根本上改变了企业的传统营销传播方式。企业不需要再经常消耗巨大的人力物力，利用媒体在传播的每一个环节上艰难推进。现在的情况是只要企业创造出恰当的沟通元，再将其发送到生活者群体当中，很多时候甚至只要静候沟通元发挥作用，生活者主动参与的分享和传播几乎不需要企业额外付出什么成本。当然，随着竞争的激烈，为了帮助沟通元营造最适宜的分享环境，广告公司还需要在某些时间点上帮助客户利用多种传播资源以恰当的手段激发沟通元的传播扩散效果。与以往相比，沟通元作为营销传播的一种抓手，在很大程度上给予了企业更为迅捷有效的帮助。

新需求与新机会

互联网时代，企业为了有效连接消费者，做高效的营销传播到底需要什么样的内容？基本需要以下四个方面的内容：规模化高质量的专业内容，企业自制内容，优化生活者的内容，程序化创意生产的内容。而这中间广告公司又面临怎样的机会和挑战呢？

规模化高质量的专业内容。不管是传统模式下，还是如今的互联网时代，有些内容企业的营销传播都需要。比如电视广告片，虽然传统的电视广告风光不再，但视频广告这种形式在互联网上得到延续，需求旺盛。这一部分的内容生产，如果传统的广告公司迅速转型依然还有新的空间。比如过去一个广告公司一年拍几十条电视广告片，现在可能客户一年需要上百条，过去一年只做几十张大平面，现在可能客户要求做几百张。质量和过去的要求一样，变化就是数量上的大幅增加。如果广告公司有这个能力，就依然有市场价值。

现在一些广告公司开始往这一方向转型，即规模化生产高质量的专业内容。原来那些做影视广告起家的广告公司，转型成为此类内容生产公司将会是一个非常好的选择。比如平成广告公司一开始就是靠内容起家，而现在“平成要生存下去就要果断找回原来的核心竞争力，做快速、大量的内容生产”。广东平成广告有限公司董事长兼首席执行官吴晓波介绍说：“有的客户，我们每年起码给他们制作五六十条的视频内容。我们未来发展的常态是在整个视频的创制上，不光是创意，因为仅仅是创意，我们可能会受到大量的云创意的干扰，而且我们也可以采购云创意，要把创、制结合起来，提供一个平台式的服务。”①

企业自制内容　在数字生活空间，企业 7 × 24 小时暴露在生活者面前，企业从来没有像今天这样直接面对生活者。为了更好地跟生活者建立连接，

① 资料来源于项目组 2015 年 7 月对广东平成广告有限公司董事长兼首席执行官吴晓波的专访。

企业需要寻找有代表性的沟通元，或依靠某些事件进行营销，或者直接制造某一话题和相关活动，通过系统性的活动与信息发布，将相关主题深入送达生活者群体。比如小米的“米粉节”、电商的“双十一”等等，都是企业面对用户自主创造的话题内容。

另外数字技术的发展也为企业的自主活动带来了机会和要求。比如搭建网站、开微博、做微信公号，企业自身也演变出了媒体功能，内容自我生产、自我发布。早在2013年耐克公司就宣布其社会化媒体事务将由内部团队全权打理，不再将业务外包给代理公司；苹果也宣布成立自己的广告营销部门，自产自销广告。国内小米公司迅速崛起。为什么小米在几乎以成本价销售的情况下依然可以做到不亏本甚至有盈利，其营销成本的节约算是原因之一。从生产到销售的环节，小米砍掉了太多原本应该支付给广告公司的代理费。从品牌塑造到产品销售，多年以来小米几乎都没有借助过4A公司的力量，即便是2014年的春节小米破天荒地发布了电视广告，起用的也是一家核心团队只有两个人的本土小公司。企业营销传播的逐渐自制化，带来的直接影响就是广告代理公司的日益边缘化。

优化生活者内容　过去的内容生产以专业媒体机构，如电视台、报社为主，或者是以记者、编辑等专业人才为主。在数字生活空间，内容的创作主体也在变得多元。生活者接收信息的渠道越来越多，极大地降低了信息获取成本，另一方面可以供生活者自我表达的渠道也在日益丰富和便捷，不管是视频、文字，还是图片等形式，生活者每时每刻都在创造大量内容，希望去表达自己的观点，给自己的情绪一个释放的出口，因此自媒体的盛行有着强大的群众基础。生活者已经由单纯的浏览、评论转向了内容的建设，用户生产内容（User-Generated Content）成为互联网内容的重要组成部分。

同时，生活者自己创造的内容也会吸引其他志同道合的生活者广泛关注参与，甚至在参与过程中继续分享创意内容，参与传播并不断延伸、丰富。在数字营销传播中，重点关注一些 KOL（关键意见领袖），即那些在特定领域拥有影响力的人物，让品牌和产品与其建立某种联系，并且保持互动，去影响有影响力的人，发挥他们在特定领域的覆盖面和影响力。如果运作良好，这种营销可以给推广计划带来事半功倍的效果。当然除了 KOL，数字生活空间的每个人都可以生产内容，每个人都可以成为一个媒体，就看企业如何去引导、去优化，为我所用。2014 年特斯拉 Model S 有条风靡互联网的广告视频，就是由特斯拉汽车的粉丝创作，这支广告不仅得到了广大网友的肯定，同时也得到了特斯拉创始人马斯克的肯定。

在生活者生产的内容挖掘优化方面，对广告公司类的服务公司带来了新的需求。利用技术，挖掘用户生产内容中与品牌相关的内容，转化成沟通元，带动数字生活空间的进一步的传播与协同，是需要专业性的服务的。但是，如果广告公司不主动应对这一变化，完成这一服务，会有其他类的公司替代广告公司。

程序化生产的内容　在数字生活空间，企业需要快速生产大量的内容来吸引生活者，并与之建立连接。在大数据技术的支持下，最理想化的方式是同每一个生活者在 24 小时不同的场景中，匹配不同的内容；新话题出现时，以最快的速度生产出大量的内容进行呼应，进行互动。这个需求量和对速度的要求，人力已经无法及时满足，必须依靠技术智能化程序化的方式来提升内容的生产效率和规模。

类似的程序化生产内容，比如“机器人写作”已经在新闻界有所尝试。据了解，2015年1月28日，美联社发布的报道《苹果第一季度营收超华尔街预测》（*Apple tops Street 1Q forecasts*）就是由一套自动化系统撰写发布的。这套系统每个季度能写出3 000篇这样的报道，而且它对美联社的写作风格了如指掌。同样的理念在广告行业已经有所尝试，因为如果企业仅仅靠自己的力量来制作广告内容，想象力、创造力自然无法与数量众多的生活者相比，所谓“高手在民间”。所以，你只需要提供一个模板、一些简单的素材、一套易操作的工具，接下来就交给那些脑洞大开的生活者放手去创作，而且他们还会主动分享传播，追踪动态、发评论、互动。比如类似于“海报生成器”这样可以规模化量产的内容技术，只需要提供一个模板，瞬间可以生产海量的内容，再通过程序化的手段发布出去，真正实现动态创意、即时制作、即刻传播，全面提升企业营销传播效率。当然“海报生成器”还只是比较初级的技术，即便如此，依然得到了生活者的热情参与。

2015年8月，罗永浩和高晓松在微博上有一场你来我往的“隔空大战”，事出原因就是一张海报。一名普通网友根据锤子官方提供的“漂亮得不像实力派”（坚果手机Slogan）海报生成器，把高晓松的肖像搬上了海报，但高晓松本人正好是三星S6 Edge+的代言人，所以这张海报受到了高晓松本人的质疑。罗高二人随即交锋论战，中间制作该海报的网友也主动站出来澄清事实，这一风波一时间几乎引发全网关注。口水仗暂且放在一边，单看海报生成器这种形式所引发的生活者的好奇与参与欲望，生活者可以轻松参与，无偿为企业做宣传，甚至在出现问题时还自愿站出来澄清。海报生成器这一技术的研发思路无疑是成功的，值得借鉴的，即便这种技术目前科技含量还不高，但它是新的生产力，代表了未来的发展方向。对广告公司来说，相关的技术研发、升级、应用，会创造新的价值。

在互联网时代，没有创意，就没有传播。创意的价值更加凸显。但是，数字营销传播对创意的理解和要求与过去不同，从 Big Idea 走向沟通元，从广告走向创意传播内容生产是巨大的变化。面对这个变化，宋秩铭认为：“我觉得比较不适应的是创意人员。像奥美已经换了很多人，但是我觉得还差不多有一半的人要被换掉。”

第九章

广告公司的内爆式重构

在深度走访中国4A各公司的过程中，不管是奥美、电通等国际知名广告公司，还是北广、平成这样脱颖而出的本土优秀广告公司，全都透露出前所未有的紧迫感。在这一个剧变的时代，普遍焦虑成为行业的新常态，广告公司到底要怎么变，未来究竟要走什么样的发展路径？目前还都处在持续的摸索和试错阶段。

体系的不兼容

商业模式不兼容。互联网技术从根本上改变了品牌与消费者的关系，也改变了企业与广告公司之间的关系，因此也从根本上动摇了过去4A一贯坚持的那套商业模式——广告创意看家和媒体投放主导，原有的商业模式已经变得不再适应目前行业发展的需要。互联网时代是大众化创意快速生产的时代，高大上的创意、影视广告大制作、大平面等虽然还有一定的市场，但由于其创作周期过长，代理费用偏高，已经越来越为志在找回“浪费的一半广告费”的客户所忌惮。其次传统媒体式微造成了传统媒体广告市场需求量的下降，海尔、宝洁等传统大广告主先后表示“不做硬广”和“积极试水新媒体”，广告主已经对传统媒体的广告价值产生了极大的质疑，致使传统媒体广告份额大幅缩水，使得广告公司原本利润丰厚的媒介代理业务骤然下滑，整体收入增长乏力。

技术不兼容。技术原本就不是4A公司的强项。在这个技术加速改变世界，技术驱动营销的时代，4A只能慨叹自己先天基因的不足。原本很多掌握在自己手里的专业技能，比如媒介谈判、购买、投放等，现在基本可以为互联网技术所取代。而且数字营销越来越依赖大数据，但4A不拥有数据源，所有的数据要么购买，要么寻求合作，这样也无形中增加了客户的营销成本。更不利的是，拥有大数据的平台方、媒体公司，包括公关公司，也开始主动接触客户，提供广告营销服务，全面抢食广告产业链，当然还有如雨后春笋般成长的以技术驱动的数字营销公司。甚至那些曾经非常依赖广告公司的企业也在快速完成技术进化，在广告营销的战场上开始更多地依靠自身的力量独当一面，昔日雇主开始变身竞争对手，这应该是广告公司始料未及的事。

人才不兼容。人才是企业发展的根本资源。奥美广告北京分公司创意总监东东枪在接受项目组访谈时非常有感触地说：“不得不略提一句的问题是整个社会的人才结构和就业环境也变了。4A广告公司并不再是一流创意人才的必然归宿，现在，一个有想法、有能力的年轻人，有太多可以展现自己创造力与才华的选择：他们可以去创业，可以做自媒体，可以去网络公司……这些选择在10年前还并不如此丰富而成熟，但现在却每一个都闪耀着诱人的光芒。4A 广告公司则依旧沿袭着以往的人才制度、薪酬水平，当年的 sexy job（性感职业）如今已经徐娘半老，我们已经很难招到一流的人才，这一点，我相信很多从业者应该都有同感。”[①]一方面是优秀的人才越来越难以招进门，另一方面是按照既有作业模式培养多年的人才与今天的市场不兼容，无法满足客户的需求。如今的 4A 到底需要什么样的人才？奥美公关北京分公司高级副总裁宋磊的话具有一定的代表性：“我们需要会写文案的 art（美指），需要会画画的 Account（客户管理人员），需要工程师出身的创意，需要会管理客户和生意的 Planner……原本的那些基本行业技能没有变，但却需要以全新的方式组合到新的人才身上。这样的人，在以前属于少数不务正业的奇葩，今天却是可遇不可求的宝贝。”[②]

公司架构不兼容。传统广告公司通常分为创意部、客户服务部和媒介部。创意部负责构思及执行广告创意；客户服务部主要工作是与客户联络及制定创意指导；媒介部主要为客户建议合适的广告媒体（如电视、报纸、杂志、广播、户外等），并为客户与媒体争取最合理的收费。在 20 世纪 90 年代后期，媒介部逐渐独立，成为媒介服务类的专业公司。各部门和公司间泾渭分明，职责清晰，完全契合 4A 原有的运作模式，即基于受众洞察进行广告的创意制作，然后购买相关媒体广告位，通过所投放广告的创意吸引受众，达到传播效果。而高效精准的数字营销讲究的是快速连接和整合的能力，即要实现广告、营销、公关、互动的深度融合，又要对外整合跨媒体的资源，对内

①② 资料来源于项目组 2015 年 4 月对中国 4A 广告人的座谈（北京场）。

则是各部门间的融合协同快速反应，以技术为手段，运作模式的核心正由媒体转向受众。所以，从4A公司的部门设置运行架构来看，现有的公司体系很难适应数字营销时代的发展需要。Isobar（安索帕）全球CEO林友琴在谈及这个问题时表示："我觉得不同公司的内部部门构成可能会有很大的不同。比如技术部门，在传统的广告公司不见得有，或者说做的事情不见得一样；比如数据分析部门，像我们的数据分析就是在策划部下面，而有些公司的数据分析则是独立的部门。现在做数字营销业务给我们最重要的启示是，项目管理的部门必须要有很大的权利，去管理流程、资源和做事的方法。"① 面对变化，4A要先在组织内部实现部门间的深度融合，甚至重新划分组织结构。现在4A虽然也都设有互动部门甚至组建专门的互动公司，"但部门架构设置普遍混乱，前端与客户衔接责任缺失，中间PM（产品经理）和Account的职责混乱，后端技术与创意的衔接生硬。人员安排和财务制度又不如本土互动小公司那样灵活。这对于需要自由灵活的数字营销业务来说，处处掣肘。"②

虽然很多本土4A从公司规模到部门设置比国际4A简单了不少，作业流程也没有严格执行现在看来略显呆板的国际标准，经营上具有很大的灵活性和自由度，业务上也很努力很专注，更是不存在本地化的问题，但似乎依然没有很好地满足客户在数字营销方面的要求。不管是本土4A公司，还是中国4A中的国际知名广告公司，其实绝大多数的公司还都是传统广告出身，传

①② 资料来源于项目组2015年7月对Isobar全球CEO林友琴的专访。

统业务占比依然很大，但是“传统业务的部分越大就越难改变，因为你没有办法放弃那个部分”。[①]4A 传统的商业模式和企业组织结构积淀太深，以致在商业环境巨变的过程中一时难以转身。对此，宋秩铭也是心生感慨：“广告公司的体系太成熟了，不太容易改变。”甚至“过去的经验会成为新的实践的阻碍，这点其实是广告公司转型的过程中要注意的事情”。费孝通先生在《乡土中国》中深刻地观察到：“在变迁中，习惯是适应的阻碍，经验等于顽固和落伍。顽固和落伍并非只是口头上的讥笑，而是生存机会上的威胁。”

诚然，中国 4A 目前面临着很多严峻的问题，但危机从来都是变革的背景，也是激发变革的动力。

从集团化到平台化

实际上，广告公司的形态在过去的百年历史中一直在发生变化。最初的广告公司都是以独立公司的形式发展，后来因客户以及市场整合营销的需要，慢慢出现了综合性的代理公司，又开始重新进行专业划分，但广告业真正的跨越式发展还是在引入资本的力量之后，WPP 集团的成功崛起将全球广告业带入一个全新的发展阶段，即集团化竞争阶段。

广告集团不同于独立广告公司，其业务涉及面非常广泛，一般包括广告代理、直销、媒介购买、信息顾问、体育、关系营销、公关、品牌识别、

① 资料来源于项目组 2015 年 7 月对 Isobar 全球 CEO 林友琴的专访。

CRM（客户关系管理）、健康营销、互动营销等等。广告公司的集团化发展使得许多原本分割的业务内部化，减少了因为信息不对称、搜寻、议价等方面的花费，以企业内部市场代替外部市场，减低了交易费用，公司的收入也出现了规模性增长。另外世界经济的全球化发展，广告主的经营规模日益扩大，也要求广告公司能够扩大其经营范围，提升综合实力，为广告主提供更好的服务。

广告公司集团化发展优势明显，但公司集团化发展也是一把双刃剑，有利也有弊。比如随着工作人员的大量增多，公司涉及业务的领域越发广泛，集团公司的组织结构也变得越来越复杂，这就需要综合管理人员具有较强的协调统筹能力，以及较高的应对企业风险管理的能力；其次就是各业务板块之间的均衡发展，因为业务不同，各子公司的营收能力自然也有高低差异，迫于上市公司整体的财务压力，公司的长远发展规划难免要妥协于眼前的经营压力；最后，随着集团下业务线的庞杂，各业务部门间的沟通协作能力也越来越成问题，以致出现人浮于事、工作效率低下的问题。

前奥美广告中国区总裁陶雷表示，其还在职时就在内部说过这样的话："创意部一半的人都可以走，不是说他们不好。我是觉得把他们放到社会上，成为我们的一个合作伙伴，他们会更积极更好地去发挥他们的才华。现在你养着他们，有很多人浮于事的死角，尤其是公司大了，忙死能力强的，闲死能力差的和不想干活的。如果你把他们放出去，跟他们合作，成为他们客户的话，他们的积极主动性和创造力会成倍提高，没必要养着他们。"[①]最后，更

① 资料来源于项目组 2015 年 8 月对原奥美广告中国区总裁陶雷的专访。

为关键的一点是数字时代效率优先，要迅速响应不断变化中的新市场和新需求，但集团化4A公司的实际情况是“体量巨大，流程死板，决策缓慢，严重制约公司的高效运营，深度影响公司对市场上出现的新趋势的把握，无法适应互联网时代下的快速多变”。以4A的数字化转型为例，虽然有不少4A公司在数字领域的起步很早，用力不小，但基本上不得发展要领，目前在市场上活跃的这类公司里面依然很少有4A公司的身影。

毋庸置疑，过去30年国际4A代表着专业和标准，一直是中国广告市场的领军企业，本土4A始终处于全面学习奋力追赶的状态。但是中国市场足够庞大、足够复杂，始终有国际4A无法全力触及的区域或者领域，得以让本土4A公司充分练兵、快速成长。伴随广告市场的互联网化转型，尤其是资本的力量介入之后，现在本土4A的发展达到了一个新的高度，不管业务转型还是公司管理，本土4A的很多尝试和探索甚至走在了国际4A的前面。广东省广告集团股份有限公司（GIMC）力推的平台化转型“省广模式”就是一个很好的案例。

广东省广作为中国最早的一批带有国资背景的广告公司，长久以来给业界的印象就是兢兢业业，埋头深耕于广东地区，公司体量和社会声量很是寻常，直到2010年5月6日在深交所中小板挂牌上市，广东省广成为“中国广告第一股”。2014年广东省广全年营业收入63.4亿元，净利润4.25亿元，市值高达250余亿元。2015年1月，广东省广全面启动“GIMC平台战略”。据广东省广董事长陈钿隆介绍：“随着中国广告行业发展趋势和竞争环境的变化，综合性广告公司已经不能满足企业发展的需要，实施平台化战略是为了构建一种平台化的商业模式。”①

广东省广的具体做法是：省广股份GIMC平台下辖IMC（整合营销传播）行业细分平台、IMC专业细分平台和工作室运营平台三类，其中IMC行业细分平台下面包括若干按重点行业划分的IMC运营公司，比如汽车、地产、快消等行业；IMC专业细分平台下面包括若干按专业垂直划分的IMC专业公司，比如娱乐、体育、大数据咨询等垂直领域；而在工作室运营平台则鼓励员工内部创业，自由组建专业工作室。

平台公司采用合伙人制度，通过预留动态激励股份，激励员工为平台做贡献。具体做法是：IMC行业运营公司实行省广控股+经营团队持股+预留动态股权激励的形式；IMC专业运营公司实行省广持股+其他公司持股+经营团队持股+预留动态股权激励的形式。另外，省广股份会和平台公司签订购股协议，当平台公司的业绩成熟，省广就会利用资本杠杆回购股份，如果原来一块钱一股，回购时很有可能增值数倍，股份价值实现最大化，帮助更多行业精英实现创业致富的梦想。如果某个平台公司的效益足够好，省广还会将其助推到资本市场，以获取更大的发展。

在股权设计上，行业运营公司和专业运营公司最大的区别在于省广股份是否控股。专业运营公司省广股份不控股，平台公司自身持有大部分股权。这样做的原因在于，省广控制的是专业技术，但业务上放手由平台公司去主导，平台公司自身持有更多股权有助于将来增大他们的回购空间。虽然这些

① 资料来源于项目组2015年7月广东省广告股份有限公司董事长陈钿隆的专访。

专业公司省广只持有小部分股权，但是省广对这些公司的发展全都知根知底，对于公司的业绩、财务以及未来发展方向都十分清楚，这样在回购股份的时候就会更有把握，对公司未来的发展也更有信心。相对于收购外面不了解的公司，这些在成立之初省广就入股的公司让人放心许多，因为这些公司都是在省广的精心培育下成长起来的。

至于动态股权，内部员工向新平台介绍业务，将按实际贡献获得一定比例的配股权，而经营团队在业绩达标后，团队成员可获得未完成分配的剩余动态股权。有了这样一系列的股份激励机制，平台下辖的公司为了自身业绩的发展，也会一切为平台公司的利益着想，希望把公司的市值做大，每一家公司力争上游，从中也避免了贪污腐败问题的产生。

陈钿隆表示，平台战略的核心其实是人才激励。“2002 年，股改后的广东省广在营收上不断增长，但当时的股东几乎没有从事一线工作的，真正战斗在一线的员工是没有股份的，在我们看来这是必须要调整的问题。因为无论外界环境如何变化，人才始终是公司发展的基石，我们必须给一线的员工以及新加盟的‘省广人’以股权激励，给他们创造财富，最终绑定这些人才。”[①]

为了留住更多人才，特别是有冲劲、有创意的年轻人才，省广 GIMC 平台开设了工作室运营平台，鼓励员工自主创业，把省广打造成一片培育创业公司的肥沃土壤。这也响应了目前国家鼓励创业的号召。省广股份的初衷在于利用省广的平台和资源，创造更多的创业机会，孵化更多的项目。所以就

① 资料来源于项目组 2015 年 7 月对广东省广告股份有限公司董事长陈钿隆的专访。

鼓励那些有想法，并且想要将自己的想法付诸实践的员工，在省广内部先成立自己的工作室。如果这个工作室发展顺利，就有机会升格成为一个公司，根据公司的实际情况，省广会帮助公司IPO（首次公开募股）或者回购。在我们看来，省广股份不仅是孵化器，更是创业的加速器。

这个创业平台发布之后，在省广内部得到了很好的响应，为员工和客户都创造了新的价值。特别有一些在外资公司工作多年，却没有升职机会的优秀人才，就会把整个团队都带到省广，在省广打造的创业平台上做合伙人。在这里创业不仅没有那么大风险，还会享用到省广很多的内部资源，省广会在客户资源、技术建设等方面对创业公司提供支持，内部形成了开放包容、互利共赢的生态体系。这样的平台战略非常具有吸引力，也让广告从业人员看到了新的工作前景。

陈钿隆说："我认为省广不仅仅是在做广告，而是在做整个产业链的延伸。省广相当于一片土壤，你在这里播种，就会有收获。我觉得收购、兼并、自身发展也好，平台战略很重要，能把人的积极性调动起来才是最重要的。"①

综合来看，面对互联网的变化，数字营销传播的发展，传统广告公司的体系和架构很难适应挑战。"省广模式"的平台化发展打造"创业联盟"，是应该关注的新的探索，目前来看，可能更符合今天开放共享试错的互联网精神，同时这也是这个时代的精神。

① 资料来源于项目组2015年7月对广东省广告股份有限公司董事长陈钿隆的专访。

永远的创业心态

如果说关于未来的发展方向，国际 4A 和本土 4A 有着基本一致的判断的话，那么本土 4A 显然比国际 4A 在实际行动上表现得更开放更勇敢一些。不管是对资本的大胆使用，还是管理层面的创新，抑或业务层面的多元化，本土 4A 的创新和实践没有停留在嘴上，而是真正行动起来迈出探索的步伐。国际 4A 和本土 4A 的差异，很大程度上取决于公司文化和决策方式。

创业者 vs 守成者

“创业难、守业更难”，守业者比创业者多了一份历史的包袱，多了一份心理负担。面对未来各种不确定因素，和不怕失去什么或者也没有什么好失去的本土 4A 相比，体量巨大、机构臃肿、有着辉煌历史的国际 4A 自然是顾虑重重。一个是轻装上阵，一个是负重前行，前进速度快慢立现。

常年的市场领军者角色让国际 4A 难免生出几分懈怠，连续的增长和领跑让这个集体都有一种优越感，工作的热情和积极性自然难以和处于疯狂上升期的本土 4A 相提并论。而互联网时代，市场反应速度非常重要，广告公司必须拥有快速解决客户各种问题的能力和积极主动的服务热情。一方面尽量缩短作业时间，帮助客户把握商机；另一方面能够主动服务，创新服务。赶在客户之前开始行动，先于客户发现市场机会，先于客户拿出解决方案，时刻保持领先客户的价值。而这些变化，见惯大场面、看惯风云变幻的国际 4A，已经不能迅速兴奋起来。尾大不掉也好，因循守旧也罢，整体来讲今天的国际 4A 在执行力和创新力层面，与本土 4A 难分伯仲。

创始人 vs 职业经理人

本土 4A 和国际 4A 还有一个很大的区别在于决策者之于企业的角色。跟本土公司的老板基本上都是公司创始人不一样，国际 4A 在中国的高层除了外籍人士居多以外，这个群体还有一个共同点就是基本上都不是企业创始人，虽然也有一些开始演变成公司合伙人，但整体还是职业经理人的身份居多。企业创始人跟职业经理人对公司的态度和感情肯定不同，这里不是质疑职业经理人的职业操守，而是很现实的职责权限问题。职业经理人可以是铁打的营盘流水的兵，但一家企业的创始人没有这样的选择，只有带着企业一直往前冲的责任。所以，国际 4A 公司即便是再强悍的地区负责人也很少只身挑战集团公司的全球领导层和长期一成不变的经营模式，一方面是这关系自身利益，另一方面他们也不具备本土 4A 老板那种超乎寻常的决策力和决断力。虽然本土公司早已不是“一言堂”，但创始人对公司决策的影响力依然还在。

再者就是对市场波动带来的影响，公司的承受能力不同。公司的组织架构、管理结构的调整属于触及筋骨的大手术，很难说一定时期内不会影响公司的整体收入。“比如你要新建一个部分，起码在初期这个部分属于投资行为，不是一个业务可以带来收入的增长。所以虽然很多公司都很着急转型，但是推动起来还是比较困难。”[①] 国际 4A 基本都是上市公司，有着严格的财务制度，因贸然变革而引发的市场波动给其财务数字上带来不良影响是他们难以接受的。

所以国际 4A 即便是想做出改革，也只能是一定范围内的小幅调整，很难有大动作。而本土 4A 对变革可能带来的影响有足够的预期和承受力，而且他们有各种本土化的办法解决出现的各种突发问题。

本土 4A 永远的创业心态让其在瞬息万变的互联网时代始终保持高昂的斗志和进取心，勇于创新，积极探索。所以关于 4A 公司的未来发展路径，应该更多地关注中国本土 4A 公司的研究和探索，他们的发展思路可能更能代表未来的发展趋势。

---

① 资料来源于项目组 2015 年 7 月对 Isobar 全球 CEO 林友琴的专访。

第十章

资本带来的可能

对广告业而言，资本意味着什么？看 WPP 的发展路径基本可以得出答案：马丁 · 索罗 1985 年收购 WPP，到 2010 年一跃成为全球第一大广告公司，WPP 用 25 年的时间完成了精彩蜕变。实际上，在这期间，马丁 · 索罗只做了两件事情，即寻找有价值的收购对象，然后收购它。WPP 集团首席执行官曾经说过这样一段话："一个企业如果要成功，必须懂得学会利用资本的力量快速成长，WPP 的成长是可以购买的。"

面对数字营销传播的新变化，广告业更需要利用好资本。通过资本化运作，提升公司的实力，吸引优秀的人才，进行技术研发；依托资本的力量，购买优秀的公司，更快地进行业务的调整，进行数字化的转型。

增长力

资本并购是企业实现快速发展的重要驱动力量。目前，全球主要的几大广告集团包括宏盟集团、IPG、WPP 集团、电通安吉斯集团和阳狮集团，无不都是通过资本并购奠定的行业地位。广告公司的全球化竞争，其实就是集团化的竞争。在未来中国市场上，中国广告业的竞争也主要是拥有雄厚资本的大型广告集团之间的竞争。

WPP 的历史就是 WPP 的并购史。WPP 属于纯粹资本型企业收购、兼并而成，通过资本运作和并购，迅速而成功地扩大了集团的规模。目前，WPP 拥有五家全球化运作的全资广告代理公司——智威汤逊、奥美、扬罗必凯、精信、达彼思；两家公关公司——伟达公关和博雅公关；一个媒介子集团群邑；一家专门的品牌设计与服务公司——朗涛；以及囊括四个市场调查公司的市场研究子集团 Kantar。在全球 110 个国家拥有超过 3 000 多个办公室。从理论上来看，WPP 的并购使得许多业务内部化，减少了因为信息不对称、搜寻、议价等方面的花费，以企业内部市场代替外部市场，减低了交易费用。通过并购，WPP 在广告、媒体投资管理、消费者洞察、公共关系和公共事务、品牌塑造和视觉识别、医疗保健传播、直效营销、数字营销、促销和关系营销、专家整合传播等领域取得稳固地位。简而言之，没有并购，WPP 难以取得今天的成就。

相对而言，中国本土广告公司的发展在全球市场中处于相对较低水平。中国广告业的发展不是一个线性的问题，而是一个共时性的问题，不同于西方一步一个脚印地循序渐进，而是各种广告发展阶段被压缩在了一起。同一个时间内，中国大陆不同区域存在迥异的广告发展形势。这就使得中国的绝大多数市场是被大多数中小型广告公司所占据的，他们往往只能提供单一的服务内容，而且彼此恶性竞争激烈，整体研发能力较弱，行业缺乏创新能力，难以为企业提供稳定的高水平服务。这样分散的状态不利于规模化竞争，不利于整合资源，同时也不利于提高广告行业的服务水平。

2010 年 2 月，蓝色光标在深交所上市，成为第一家上市的中国本土公关公司。同年 5 月 6 日，广东省广告股份公司登陆中小板，成为第一家在本土上市的本土广告公司。同年 5 月 5 日，昌荣传媒完成了全案、全媒体服务的战略布局后在纳斯达克上市。2010 年也被称为我国本土广告公司上市“元年”。在这一阶段，本土综合服务类广告公司，无论是在业务操作层面还是在经营管理层面都更加成熟，资本运作出现了常态化、多样化的特点。

蓝色光标在 2010 年上市以后，最主要的工作就是并购。公开资料显示，蓝色光标 2014 年度净利润同比大幅增长 55%~70%，作为一家早期以公关业务为核心竞争力的传媒公司，仅靠 25% 左右的内生业务增速显然不能维持其净利润的高速增长。近两年来蓝色光标在行业内外的并购项目数量高达 30 多个，频频并购助力其业绩大涨、市值飙升。从并购行业来看，在集中于主营业务的同时，蓝色光标积极并购从事相关外延业务的公司。从上市初期集中于公共关系服务行业，扩展到社交媒体、互联网服务等外延行业，完成了公司跨越式协同发展。从并购区域来看，蓝色光标已完成从并购国内公司到并购欧美公司的覆盖，加快了公司开拓海外市场的步伐。从支付方式来看，公司借力资本市场，从原先单一的自有资金支付，逐步发展到自有资金、超募资金、募集配套资金及发行股份、债务融资方式，加大了企业在并购重组操作过程中的灵活度。通过一系列收购，蓝色光标成功将公司的业务扩展至互联网广告、广告策划、财经公关、地产全案策划、电视广告等多个领域，实现了海内外区域布局，进一步增强了公司品牌、资金及服务质量等的竞争优势，提升了公司对客户需求的满足能力，加强了公司对新客户、新业务的开拓能力。

目前，蓝色光标已经成为市值全球第六的营销传播集团，而在利用资本并购的过程中，着重购买数字技术与营销服务公司，推进内部横向的资源整合，推动集团的数字化转型。

创新力

一个行业在进入发展瓶颈期以后，成长趋缓创新乏力，这时再执着于内部挖潜已经不再是聪明的办法，通过对外收购获得不曾具备的技术或者资源，甚至发现更新的商业模式，同样可以实现获得创新发展的能力。

在 WPP 横空出世之前，在广告公司集团化规模化以前，广告公司在收入规模上基本没有大的突破，就是因为没有找到合适的商业模式让公司收入实现规模性增长，创意、设计、制作等服务内容并不能给广告公司的营收带来质的飞跃。马丁 · 索罗在疯狂的收购和并购之后，才终于找到了适合 WPP 集团化的商业模式——媒介购买服务主导，并且迅速为其他有实力的广告公司集团效仿，成为广告公司盈利最为丰厚的业务。如果没有资本的力量在后面助推，广告公司在媒体那里形成不了议价能力，自然摸索不到这样的一条业务模式，也就难以顺利实现商业模式上的创新。

进入互联网时代以后，消费者越来越挑剔，应对广告骚扰的能力越来越强，此前的媒体投放已无法满足广告主越来越精细的要求，企业的广告投放更关注流量和营销效率。传统的媒介购买方式正在失去效率和效果，如何拯救？技术变成了其间一个至关重要的事情。技术成了今天推动广告行业发展的主要驱动力。对此，传统广告公司明显感到自己先天的技术不足带来的增长乏力。于是开始组建团队上马数字营销项目，但内部培养技术人才、孕育自己的技术基因终归需要时间。通过资本手段直接嫁接技术大脑，直接收购成熟的团队、成熟的技术成为最快捷的方式，不少极具发展潜力的中国本土的数字营销公司纷纷被吸纳进 4A 公司的怀抱。

国际 4A 开始通过并购加快推进自身数字营销的相关业务。中国本土 4A 也在利用资本力量加速企业资源整合和外延拓展进程。比如广东省广表示，近两年的重点是整合传统广告制作推广的专业能力和移动互联网营销资源，通过实体载体资源与软性载体资源实现全网线上线下融合，健全服务体系，打造全媒体整合运营战略的布局，构建国际整合营销传播集团。从国内领先的“万有引力”数字化运营系统，到成立赛铂互动，投资入股安瑞索思、尚道微营销，再到与各互联网平台积极开展大数据研究与开发，省广股份加大了对数字营销领域的布局。以收购尚道公司为例，尚道是华南地区最大的以微信、微博为主的社会化媒体营销企业，通过“苍老师卖内衣”、“华为荣耀 PK 小米”等网络营销案例，迅速崛起于微营销市场。广东省广通过对尚道公司的投资入股，完善了公司全营销产业链，优化业务特别是数字营销业务结构，进一步提升公司数字传播的实力，增强市场竞争力。

资本并购除了带来之前不具备的数字技术能力，也顺带接收了并购公司的客户，拓展了客户资源和技术团队。据了解，省广股份将通过加强自身业务能力和并购整合不断完善产业链中的各个环节，实现产业链纵横向拓展，加强各个业务领域之间的协同效应，按照广东省广董事长陈钿隆的说法就是："借助资本的力量，聚合更多优质的产业资源和优秀人才，迎接数字时代的机遇和挑战，进而实现国际化整合营销传播集团的愿景。"①

应变力

与过去几年国内广告行业投资并购交易有明显不同的是，近两年资本市场唱主角的不再是高大上的跨国广告集团，手里挥舞大把支票的买家已经悄然转化成本土上市公司。尽管本土 4A 公司在全球资源和专业积累方面与国际 4A 公司还有一定的差距，但是在这波产业投资交易战中，相较于本土 4A 公司锐意进取的凌厉攻势，国际 4A 的表现则过于低调，趋于保守，难寻当年挥斥方遒的锐气。同样身处火热的资本浪潮中，两者的表现为何如此大相径庭?

资金不给力。2008 年金融危机引发的全球性经济衰退，至今余威犹存。由于国际 4A 的主要客户很大一部分都集中在跨国企业，随着全球经济大势的不景气，不少跨国企业开始缩减全球广告预算，自然也会相应减少在中国市

① 资料来源于项目组 2015 年 7 月对广东省广告股份有限公司董事长陈钿隆的专访。

场的广告投入。尤其是那些在中国市场同样出现销售疲软状况的企业，要么大幅缩减广告预算，要么频繁更换代理商以挽颓势，很多国际4A疲于应付。国际客户业务节节萎缩之势一时难以挽回，客户本土化的真正实现绝非易事。所以在钱越来越难挣，公司发展出现前所未有的压力的时候，再花大价钱去做投资并购这样风险系数很大的事，无论是从资金上还是精力上，国际4A都是力有不逮，自然在资本角逐的竞技场上显得底气不足。

虽然包括WPP、电通安吉斯在内的4A广告集团近些年也没有停止在中国的收购或资本扩张，但是其投资交易规模属于中小型交易，和本土公司的投入不在一个量级。志在四方的蓝色光标已经被看作市场上的“投资怪兽”，仅2014年投资并购就达30余起，涉及金额约26亿元，其中不乏海外公司的身影。另外广东省广2014年在资本市场上的投入也在15亿的量级以上。本土上市公司的这种雄厚财力显然是目前的国际4A无法对抗的。而且随着国内资本不差钱式的追捧，资本市场上的各种标的物的价格也是水涨船高，可以预见的是在未来两三年里，国际4A在中国市场收购将变得越来越难，因为它们的中国对手太有钱了，而且那些被收购一方的公司的胃口也在变得越来越大。虽然有钱有资本不一定就能解决所有的问题，但是囊中羞涩没有钱肯定不利于问题的解决。

自主性不够强。国际4A在国内都是以集团分公司的角色出现。分公司属于分支机构，在法律上、经济上没有独立性，仅仅是总公司的附属机构。因此在公司重大决策制定上，分公司的自主性明显不强势，尤其是涉及资本层面的操作，处处掣肘于集团公司的判断和决定。并且，如今的市场经济环境下，依然充满着各种不确定因素，集团管理的总体思路是降低风险，毕竟投资收购本身就充满着风险。这应该是近两年国际4A在中国资本并购市场没有大动作的重要原因。至于国际4A的这些中国分公司为什么不选择在中国重新上市，到资本市场争取更多的资源，他们也有着自己的通盘考虑。比如奥美宋秩铭先生就表示："这个议题我二十年前就提过了，我们曾经算过一笔账，奥美在中国上市，WPP在伦敦或者纽约的股价会下来，相比之下好像没那么划算。不过未来也不是没有可能，可能会逐步上市，这对我们的员工有好处。只是目前中国市场的PE（股票的本益比）值太高，还要等市场稳定下来，这个选项我们还是保留的。"[①] 或许国际4A在中国独立上市获得了更大发展自主性以后，他们的资本投资观才会有新的变化，只是不知道那个时候中国国内的市场格局是否还有一展身手的机会。目前看到的是本土4A迎来了上市红利期。上市一方面迅速提升了本土4A的企业影响力和管理水平，另一方面也帮助其在资本市场募集了大量的资金，大量流动资金给其赢取了进行数字化转型辗转腾挪的发展空间。本土4A正在积极利用资本的力量纵横捭阖，在资本市场创造更大的收益。

投资格局不够大。过往国际4A投资并购案的基本思路都是以弥补业务短板、获取更多的资源为主，执着于媒体（从传统到数字）、策略、公关等专业业务层面的持续挖潜。以奥美在国内市场的投资表现为例，2002年奥美联合中国本土最大的公关公司之一西岸咨询策划公司投资成立西岸奥美，2005年

① 资料来源于项目组2015年6月对奥美集团大中华区董事长宋秩铭的专访。

与专注于网络营销的世纪华美合并成立奥美世纪等，不同班底、不同文化的团队经过一定时间的适应与磨合，逐渐形成合力带来了一定的市场效应，实现了业务的增长，巩固了奥美在相关业务板块上的实力。

在当时的广告产业格局下，广告公司尤其是4A依然处于快速发展的黄金时期，其专业本身的价值依然得到客户以及市场的充分认可，4A依靠传统经营模式依然可以获得不错的收入。但是长远看，这些延续广告公司传统业务的投资并购，在公司整体运营思路上并没有带来太多启发性的探索。尤其是随着整体营销传播环境的变迁，客户需要广告公司提供更多综合性的服务，比如对销售负责、对产品支持等，有些已经跨越了原有的广告专业。这就对不具备相关作业能力的4A提出了更多要求，其投资并购的目标必须着眼于客户需求，着眼于公司长远发展。另外广告本来就是利润率较低的行业，如果不能跳脱传统广告的专业限制，寻找企业新的利润增长点，依然选择在原有业务框架内做投资做整合，从企业运营的角度看，这样的投资并购并不能给企业营收带来规模性增长。

而本土4A以雄厚的资本实力做后盾，投资并购的视角和格局有了明显的不同。以蓝色光标为例，其投资的方向横跨广告、娱乐、金融、电子商务等各领域，业务的多样化给企业营收的多元化带来可能。通过对一流人才团队的吸纳，对技术产品的持续投入，本土4A的综合实力获得了长足进步，获得了向国际4A挑战的资格，有些收购更是直接接管了国际4A以前的大客户。“凡有的，还要给他；凡没有的，连他自以为有的，也要从他手中夺去。”目前谈本土4A对国际4A的超越还为时尚早，但资本的力量给了本土4A这个难得的机会。如果国际4A无法适应资本横流快速发展的时代节奏，无法满足客户数字营销传播的新需要，相信客户易帜也只是时间的问题。

资本的浮躁

资本并购能够给广告业带来多方面的改进，但是同样也需要警惕行业浮躁心态带来的问题。进入资本市场，意味着公司管理和经营的透明化，而原来所习惯的在混乱市场环境中不宜公开的操作规则必须改变，这是压力，对未来中国广告业良性竞争来说是积极的推动力量；但另一方面，资本市场讲究投资回报，看重业绩增长，尤其是短期的收益，这就势必会冲击公司对长期战略性的投资和发展的思考，而且，对以创意为特色的公司而言，过度注重短期利益和商业化，是有可能给这类公司的创意品质和价值理念带来伤害的。而资金注入之后，如果业务布局不合理，那么资本就不能发挥更大的作用，企业格局也不能够得到有效的配置与扩张，甚至会带来资本的浪费。现在回顾蓝色光标和广东省广早期的投资收购，也曾出现不成熟的案例，造成了一定的浪费和消耗，摸索的过程难免要交些学费，花钱买经验教训，但很难说这跟行业的浮躁冒进心态、急于求成没有关系。

资本带来的最大的问题，就是资本有可能成为衡量一切的唯一标准，而专业的价值追求被冲淡。资本运营不是把一个烂公司变成一个好公司，不是把一个资质不好的公司变成一个资质好的公司，而是把一个优秀的公司变得更卓越。企业管理的问题、资质问题、核心竞争力问题、主营业务问题等等，想通过资本运营这一味药就全盘解决几乎是不可能的。对广告行业来说，最重要的还是按下浮躁心态，踏踏实实静下心来做好专业服务和创新发展。

但是，中国广告业已进入资本主导的时代。对如今的广告公司而言，资本已经成为除创意和人才之外，最为显著的一个变量。伴随着互联网对整个传播营销环境的冲击，4A 公司正在接受前所未有的严峻挑战，本土广告公司趁机借助资本的力量迅速做大做强，本土广告公司有了在中国超越国际 4A 的机会，有了利用资本的力量成为全球广告业的引领者的可能。有了资本的介入，有实力的广告公司可以更好地整合资源和营销产业链，快速规模化，加速行业的优胜劣汰，推动数字化的转型。平成广告董事长吴晓波在接受采访时称："过去这几年对传统广告公司，特别是我们这些比较保守的广告公司影响最大的就是技术和资本，而专业性这块，我觉得我们并不差，但是看得透，认识多没有用，没有技术去驱动，没有资本去放大没有用，你就想得再多，看得再透，没有技术去帮你驱动，没有资本帮你放大，就没有用"。①

① 资料来源于项目组 2015 年 7 月对广东平成广告有限公司董事长兼首席执行官吴晓波的专访。

第十一章

君子不器　跨界发展

互联网带来的再创业机会

广告公司出现的这一百多年，人类社会实现了从工业社会到互联网时代的发展跨越，工业时代的很多方面正在被颠覆。工业社会企业组织的一个明显特性就是行业之间知识体系的相对独立和封闭，各行业各企业分工协作，但是互联网的出现填平了信息不对称的鸿沟，企业从采购到生产到销售的成本持续降低，企业管理和运营的效率不断提升，原工业社会体系下形成的市场、受众、企业都亟待优化和重构。

广告公司作为工业时代的典型组织，面临着商业模式陈旧、行业创新乏力等诸多问题。互联网时代的到来和广告主需求的变革，让以广告创意和媒介投放为生的典型寄生业务模式面临极大挑战。原本利润丰厚的媒介代理业务随着传统媒体的式微而日渐惨淡，愿意为创意和策略买单的客户变得越来越谨慎，而且互联网平台的策划能力越来越强，开始跟广告公司抢业务。客户经过多年的市场锤炼，一边自我摸索营销传播模式，主动出击对话生活者，一边对自己的代理商提出更严格的要求。另外还不乏很多原本跟广告跟营销行业不相干的科技公司也跑来抢食这部分市场，广告公司的经营压力越来越大，“钱越来越难挣”。

“活难干、钱难挣”的结果自然就是会有负面情绪。2015 年上半年，知乎上有一篇叫作《乙方眼中的 20 大差评广告主》的帖子特别火爆，文中充满了许多广告从业人员的吐槽，从中可以看出广告人的怨念。但很快网络又爆出一篇《甲方眼中的 20 个烂乙方广告公司》予以回击，言辞也极尽激烈。在项目组的大量深度访谈过程中，不乏各种吐槽声。广告公司的代表先后有人提到“客户的决策机制不合理，客户拖欠广告费，客户不专业”等，表达了对客户现在一些做法的不满，“恶性竞争，互相压价，零代理费”等，同业之间也是颇有微词；广告公司的一些小怨念也不是空穴来风，广告主的某些想法也不一定完全就对。但总体来说，广告作为一个依附性很强的服务行业，不能寄希望于客户完全按照自己的思路，沿着熟悉的路径来发生变化。广告主也应该祛除一些不良积习，坦诚合作。压力面前，抱怨或者指责除了徒生间隙，于事无益，解决不了问题。

奥美宋秩铭先生表示：“近两年，来自客户的压力越来越大，因为客户受到来自竞争者的压力，进而压力转移到广告公司这边。我们面对的都是一些比较大的客户，这些客户 2014 年在销售上基本都是下滑的，成长虽然还是有，但是成长力度没有预期的高，这些都造成客户的压力，相对我们压力也很大，要求我们更了解他们的销售情况，做出更全面的服务。实际上很多 4A 广告公司仍然在做品牌、做营销，如果继续这样的话，必定会出问题。因为客户要求广告公司所扮演的角色已经发生了很大改变。”①

为什么一些小的广告机构可以取代 4A？那是因为一方面它们贴身服务比较灵活，另一方面反应快速，受限比较少。但 4A 能很容易地变身类似的公司吗？目前看来这个基本上很难。奥美东东枪坦言：“我看到的是众多 4A 同事努力地追赶网络发展的步伐，但却徒劳无功。也有一些人自以为掌握了其中的奥妙，但实际上却用旧的理论来面对新的问题。”

如果传统 4A 是生活在四维空间下的三维生物的话，新生的数字营销公司就是四维生物，它“毁灭你，与你何干”。要么是突生变异迅速进化，要么是换一种活法，否则将很难逃离被淘汰被毁灭的命运。形势如此严峻，广告公司好似又回到了一百多年前筚路蓝缕的创业阶段。

互联网正在重新定义世界，推动着整个社会形态的变革，同时也为包括广告公司在内的众多企业打开了再创业的一扇窗。与其做一个艰难的追赶者，不如自己另辟一条道路做引领者，而这次，这条路将从跨界开始。

互联网经济的规则将行业的边界打破，行业间融合的趋势越来越明显。恪守一个行业一家公司业务的既有边界，兢兢业业不逾矩已经没有什么意义，尤其是这个行业已经是一片创新乏力的红海，原有的商业模式已经无法满足市场竞争的需要，跳出原有行业窠臼，站到更高层面换个视角看世界，或许你可以找到一条更好的发展路径，实现跨越式发展。因为一家企业最主要的任务是盈利，是发展，而不是墨守行业陈规，专业依然重要，但不能被所谓

① 资料来源于 2015 年 6 月对奥美集团大中华区董事长宋秩铭的专访。

专业困住发展的手脚。所谓“君子不器”，即要求人们不能囿于一技之长，作用仅仅限于某一方面，要具备驾驭各种复杂问题的能力。

转换一种角度，广告公司作为一家企业，能不能放下身段，跳出原有的固化的专业思维，尝试更多跨界的可能性？

跨入新利润增长点

投资管理：随着资本市场的活跃，近两年本土4A里面的省广股份和蓝色光标成为行业里的投资大户。

既然是投资，就会有收益和风险，不过从省广股份发布的2014年的财报可以看到，其投资并购的这些企业表现基本达到甚至超越预期：合众传播、上海瑞格、青岛先锋、广州中懋、上海恺达、深圳尚道2014年实现净利润分别为0.49亿（超承诺净利润471万）、0.32亿（超承诺净利润200万）、0.29亿（超承诺净利润273万）、0.40亿（超承诺净利润176万）、0.43亿（超承认净利润0.13亿）、502万（超承诺净利润2万）；上海雅润虽然2014年没有并表，2014年实现净利润0.66亿（承诺净利润为0.65亿）；广州旗智已完成3年对赌承诺，2014年仍实现0.34亿净利润，同比增长14%。2014年省广股份全年营业收入63.4亿，净利润4.25亿，市值高达250余亿。省广股份董事长陈钿隆底气十足：“盈利增长不是问题，改变企业盈利模式才是关键。”[①]

2015 年省广股份力推的“平台战略”其实也是个“孵化器战略”，培养潜力股，留给未来收割。平台战略支持下，通过灵活的股权设计，省广股份会牵头组建成立很多新型公司，包括鼓励内部员工创业成立一些工作室，一旦这些企业当中孵化出极具市场前景的项目，省广股份就会启动回购计划，并帮助其推到更大的资本市场上去。“平台化战略其实是为了构建一种平台化商业模式，”陈钿隆介绍说，“新平台的构建将有助于迅速扩大省广在整合营销传播领域的服务范围及专业水平，提高产业价值链各环节的盈利能力，为公司未来发展创造新的盈利增长点。”[②]

另一个投资大户蓝色光标 2014 年实现营业收入 59.79 亿元，同比增长 66.83%，不断地开疆拓土让公司的收入方式更丰富更多元，也显著提升了公司的业绩。在蓝色光标的众多投资项目当中，有一个非常值得单独拿出来一说，即组建成立了蓝色光标电子商务有限公司，开辟了全新的业务模式，为品牌打造包括电商策略、产品、营销、代运营的全渠道经营服务，全心全意做客户生意上的伙伴。

电子商务。电子商务是企业能够接近消费者甚至直接达成销售的渠道之一，近些年成为企业必争之高地。蓝色光标跨界组建电子商务公司再次拓宽了 4A 公司的经营范围。蓝色光标投资并购的三家企业分别是北京北联伟业电子商务有限公司、杭州网营科技有限公司、上海凯诘电子商务有限公司三家

① 资料来源于项目组 2015 年 7 月对广东省广告股份有限公司董事长陈钿隆的专访。

② 资料来源于项目组 2015 年 7 月对广东省广告股份有限公司董事长陈钿隆的专访。

业内知名电商代运营公司，就此蓝色光标在电子商务板块基本具备了覆盖全网及全国地域的能力。为客户代运营电子商务，使蓝色光标直接介入营销服务的最终环节，真正帮助客户实现产品的促销、销售，这是4A公司此前很难做到的事，但却是企业最为欢迎的事。电子商务代运营业务的延伸，也带来蓝色光标收入模式的转变。从单纯的传统服务商的返点计费，到经销商的折扣模式，以及交易平台的分成模式，电子商务代运营的特殊行业性质，使蓝色光标这样的4A公司在整合营销时代将分取电商大潮中原本属于零售终端的一杯羹。

公开资料显示，2014年蓝色光标帮助客户实现了20亿元的电子商务交易额，这是一个非常可观的数字，也打破了4A公司固有的只“惦记客户兜里的预算”，只会替客户大把花钱的原始印象，4A终于开始为客户真正地卖产品，去挣钱了。帮宝洁卖日化、帮美赞臣卖奶粉、帮茅台卖酒等等，蓝色光标将自己和客户放在了同一条船上，真正切入到销售环节与客户分享收益，真正做到了对效果负责以及与客户共成长。除此之外，电商代运营是消费者行为数据产生积累的直接来源，数据在今天就是资源和财富，而在明天这些鲜活的数据的价值更大。

广告公司原有业务延伸。投资管理和电子商务是近两年发展比较快的4A公司两个跨度很大的发展方向，距离广告专业也相对较远。更多的4A公司则从原有业务出发，也延伸出了许多创新业务，涉足此前不曾进入的领域，这一部分以国际4A公司的表现最为突出。

奥美开始做一些和以前不一样的东西。比如和客户一起做产品设计，参与改变客户的产品，比如帮金佰利纸尿裤在其产品中植入一个芯片，连接妈妈的手机，这样妈妈就知道什么时候需要换尿布。比如奥美也在终端上做文章，奥美的经纬行动主张“以精准的活动营销，改变消费者行为”，切入了消费者临门一脚的位置，在终端环境下，通过广告物料手段，将消费者转化为购买者，促成购买及重复购买行为。公开资料显示，经纬行动已经覆盖中国418城市，拥有超过70 000名超级阵容的基层促销人员。另外据了解，奥美还推出策划顾问项目，帮助企业进行绿色顾问咨询；奥美甚至还推出了“衰退营销业务”，告诉企业该如何有效运用营销运算。

其他再比如阳狮集团旗下的BBH公司，设立了联合营销项目“Zag”，不光替企业提出产品概念、设计品牌，还负责帮企业营销和配送产品，结果大受好评。另一家独立广告公司Anomaly，则决定将焦点放在自己的智慧财产上，为企业进行专业的广告营销服务、消费者大数据分析、全行业（企业所在行业与企业无关行业）概念发展前瞻等等，单独的广告收入只占其全部收入一半还不到。该公司2013年进入中国市场，致力于做客户“理想的合作伙伴——帮助客户提高产品创新、强化品牌体验、优化购物流程、实现创造性沟通，为客户提供高效的解决方案”。

做实体变身客户。长期以来，广告公司的工作职责或者使命都是在帮助客户创造价值，出创意、做策略、建品牌、做传播，一直是在为别人作嫁衣。既然广告公司可以帮助客户实现品牌声量和市场销量的双线提升，为什么不可以真正地学以致用——自己转身做实体推出自己的产品，用自己熟稔于心的专业理论来进行自己的实践操作？客户在做广告公司的事，不少客户经过多年的历练和学习，已经开始主动接管原先交给广告公司的一些业务，甚至于一些客户早就拥有了自己的公司内广告公司，反过来，一家广告公司也可以尝试反向延伸到客户的角色，变身一家实业公司。比如前文提到的广告公司开始参与客户的产品研发过程，对于市场真正需要什么样的产品，消费者的痛点在哪里，广告公司非但不陌生，还拥有足够的发言权。广告公司完全可以利用自身具备的专业知识和资源优势，从产品研发设计开始，到策略、创意、媒介、品牌、渠道、利润等，一条龙作业，服务自己的产品。

一些本土公司已经在开始进行类似的尝试，自己经营某类产品，自己做品牌，自己进行销售。虽然奥美已经出版了很多广告方面的专业书籍及音像制品，但并不以营利为目的，但是，跨国广告公司目前在跨界方面，尤其是自己转换角色进行实业经营方面还存在着更多的障碍，步伐较慢。

综合来看，基于单纯的广告经营面临着更多的风险。未来的4A能否转型成为客户伙伴型的跨界服务商，给客户提供真正有价值的商业解决方案，甚至自己跨界经营，做实业卖产品转身成为客户，是一个可探讨的问题。互联网是一个急速变化且没有边界的世界，企业通过跨界发展以对抗未来的不确定性，寻找新的发展机会，这样的企业在未来势必会变得更有价值和发展持续性。

第十二章

专业价值的创造者

在这个书稿将要完成的时候，传来屠呦呦获得诺贝尔奖的消息。媒体对屠呦呦的获奖进行了大量报道。在很多报道中都提到，屠呦呦 2011 年曾获得号称诺贝尔奖风向标的拉斯克奖。

拉斯克奖是生理学和医学领域除诺贝尔生理学及医学奖外的又一顶级大奖。该奖项始于 1946 年，迄今为止，共有超过 300 人次获得拉斯克奖，而其中有 80 位在后来获得了诺贝尔奖，屠呦呦获得诺贝尔奖使得这个数目改写为 81 人。

那么，设立拉斯克奖的拉斯克是何许人？

拉斯克是平面媒体发展初期最伟大的广告人。在 20 世纪初，现代广告业初创的阶段，拉斯克创办了当时最大的罗德 · 汤姆斯公司。什么样的广告公司最牛？两个标准：可以拒绝客户，可以选择客户。在当时拉斯克的广告公司就可以做到这两点。为什么这个公司这样出色？是因为拉斯克敏锐地洞察到当时报纸、杂志平面媒体时代广告业的变化，明确地形成自己公司的专业价值。这个价值是他的一名优秀的部下肯尼迪准确地表述出来的：广告就是纸上的推销术。围绕这个价值，拉斯克对广告公司内部的结构进行了开创性的调整，吸引了当时最好的广告人才，并形成了专业化的流程帮助客户解决问题。“不做总统，就做广告人”，是罗斯福总统对拉斯克的评价，而据说当时拉斯克也很牛气地回答：总统先生，这个世界上只有一个人可以被称作广告人：拉斯克。他的太太去世后，拉斯克捐献了巨额资金设立拉斯克奖，推动人类医学的发展。

广告业是在不断的创新中发展的。随着市场环境和传播环境的变化，广告客户的需求必然发生变化，针对新的需求，广告业当然必须不断调整。如果根据变化能够新锐地提炼出新的专业价值，那么这个广告公司一定会引领潮流，整个广告业也会进入新的时代。4A 之所以是 4A，是因为在大众传播主导的时代，4A 集合了最优秀的广告公司，能够适应变化，不断地创造新的专业价值。

20 世纪 60 年代的奥格威，在使得品牌从学术界进入广告业的同时，创新了那个时代的专业价值，也改变了广告业的商业模式，开始收取客户的服务费。而伯恩巴赫在推动创意革命的时候，也使得创意部门在广告公司设立并且地位不断提升。

回顾广告业的历史，创新始终是发展的主流。没有什么价值和模式是百年不变的。在大变革的时代，如果还是沉迷在过去的辉煌，一定会被时代所抛弃。

1450 年，古登堡发明滚筒式印刷，第一次把一架机器放进人类的传播活动。1781 年，瓦特改良了蒸汽机，使得这种技术可以应用于人类生活的广泛领域，推动了工业社会的到来，大众媒体、大众传播逐渐兴起。大众传播和工业社会是现代广告业最重要的支柱。但是，互联网革命正在动摇大众传播和工业社会的基石。现代广告业百余年所形成的成熟模式，当然会遭遇挑战。

已经走过了100多年的历程，积累了很多的经验，广告业是要守成的，但是，很多人在谈坚守专业价值的时候，情感成分过多，而理性成分太少。面对挑战，接受变化，创新发展，是4A发展的唯一道路

互联网时代广告业的新的专业价值，是全球广告业面临的时代的重大问题，应该说，面对这个问题，至少到目前，全球广告业并没有很好的答案。创造互联网时代的专业价值，是4A发展的当务之急。如果中国4A确实是一个优秀的群体，在这个时代，就应该承担起创新专业价值的责任。

中国互联网的应用、发展和创新是全球最活跃的。这是一个难得的试验田。中国4A得天独厚地拥有这个探索的机会，应该勇于试错，拥抱未来，在专业价值的创新领域努力突破，引领中国广告业乃至全球广告业的发展。

共时性市场

现代广告业已经有150多年的历史，中国4A也走过了十年的历程。积重难返，不敢舍弃的太多，所面对的未来又充满了不确定性，这些疑虑是创新突破的障碍。而另一方面，很现实的考虑是，如何在这个新旧交替的过渡阶段生存。

广告是生意，做生意首要任务是活下来，抓住阶段性的机会是中国4A的生存策略。

中国市场的魅力和迷惑就在于这是一个共时性的市场结构。“如果截取一个截面，静态地看某一个时期的中国市场，会发现同时存在差异巨大的多个层面的市场，而且由于中国人口数量的规模化，相较于其他国家和地区，中国每一个层面的市场也都是规模化的。并且，随着中国经济的发展，不同层面的市场都在同时快速成长。而相对于这种多元化、规模化的成长性市场，中国的广告客户也呈现出一种极其复杂的多元化。”[①] 虽然互联网发展迅速，但是中国共时性的市场结构，为广告公司传统的模式仍然保留了很大的空间，原有专业服务的价值还会持续相当长的一段时间。

经济学经常用二元结构来分析发展中国家的不平衡，中国幅员广阔，从经济和市场的发育情况来看，中国实际上是一种更复杂的多元复合结构。所以，互联网的冲击对广告行业，是从中心城市向其他地区逐步扩散。比如在访谈中，北京、上海的广告业同人的焦虑感很强，而广州广告业的焦虑感并不是特别突出。有的公司谈到深耕贵州的区域市场，效果很好。对贵州这样的市场，区域内电视媒体的影响力还是很大，互联网在营销领域的进展并不迅速，所以传统广告公司的服务模式仍然被很多客户认可接受，营业收入持续增长。[②] 相信在一段时间内，传统广告的服务模式还会有一定的市场，这个市场的规模不会很小。但是，在大客户加速向互联网转移的过程中，这个市场也必定会被带动数字化发展。

---

① 陈刚、主禹媚：《新兴市场、共时性竞争与整合营销传播—整合营销传播在中国市场的发展研究》，发表于《广告研究》，2009 年 1 期。

② 资料来源于项目组 2015 年 7 月与中国 4A 广告人座谈（广州场）。

随着全球化的发展，中国品牌开始进入国际市场。这是4A新的增长点。4A公司的竞争优势在于国际化、规模化和专业化，了解国际市场，拥有在欧美市场上成功的运作经验，握着全球市场上的优质资源，并形成了一套科学的体系化运作模式，能够有效地在全球范围内实现资源的优化配置，人才的国际化水平比较高，除了员工整体的外语水平较高外，还有一定比例的外籍员工，特别是有海外作业经验的外籍高管，4A公司的专业化服务，在客户开拓海外市场的进程中发挥着不可或缺的作用。2011年，奥美宣布在纽约设立中国业务部，加强为有志于“走出去”的中国企业和政府机构提供在美国及其他海外市场，包括投资者关系、政府关系、市场调研、品牌建设和社交媒体等全系列营销传播服务，支持中国企业进入国际市场并发展壮大。据奥美宋秩铭先生介绍：“事实上，奥美已经开始帮助华为、中兴、海尔等品牌开拓国际市场。”以华为为例，在奥美集团全球资源的支持下，华为在海外设立品牌中心，由伦敦和纽约奥美为其提供服务，中国奥美的服务团队则根据自身更加了解客户的优势，协助海外团队工作，实现了统筹全球资源，服务于客户品牌的国际化进程。

但是，走向世界的中国品牌，一方面面临着陌生的国际市场环境，另一方面也处在互联网时代企业变革的转折点。而且，互联网与全球化是同步的。4A在利用一些传统的服务模式推动中国品牌在国际上成长的同时，回避不了在数字营销传播领域进行的创新，帮助客户产生更好的效果。

阶段性策略

虽然互联网一路高歌猛进，但是，不成熟也是互联网发展过程中的重要特点。对 4A 等广告公司现有的模式以及目前的变革思路来说，这中间确实还存在着许多机会。

从客户的角度看，客户对互联网的接受和应用处在刚起步的阶段。2015 年，在“互联网 +”的大潮中，所有的企业都感受到互联网的力量。但是，真正在应用中已经熟悉数字营销传播的客户基本没有。大家都在尝试中逐步调整。同时，企业基于互联网服务化再造的过程刚刚开始。在这个新旧交替的阶段，客户对广告公司的传统广告仍然保持一定的投放，而在数字营销传播领域，传统广告公司传统广告框架 + 互联网的微调基本上能够满足现阶段很多客户的需求，比如社会化传播、品牌展示类的视频广告等。一些客户虽然有 inhouse 公司，但是这些公司还不能很好地解决客户专业执行问题，客户确实都在加强同营销、广告相关的管理团队，但是，支持企业互联网服务化的传播管理体系尚在建设中，对数字营销传播的技术研发和应用不足，评估也基本上是对传统模式进行微调。

抓住变化中的机会，使得广告公司现有的价值得以延续，使得基于原有模式的数字营销微创新可以变现，当然是广告公司现阶段维持运营的策略。但必须提醒的是，广告公司的发展思考不能只停留在这个层面。因为一旦明确方向，广告客户互联网化的变革速度会超乎想象。

互联网的迭代正在加速。数字营销传播的理念、技术和模式也在迅猛地变革。在这个过程中，广告公司的专业价值正在遭受来自客户的营销传播管理团队、互联网数字营销传播平台、公关、活动等其他营销传播公司、新型数字营销传播公司、众多小微自营平台和创意传播作坊的替代。很多人认为广告公司有人才优势，但是一定要明白，人才是流动的，而且，对许多新型的数字营销人才，目前广告公司并没有足够的吸引力。即使由于阶段性的因素，竞争还没有白热化，对广告公司来说，还有许多阶段性的机会，但是，以4A为代表的广告公司不能只盯住目前这些稍纵即逝的机会。抓住阶段性的机会，只是广告公司的生存策略，不是发展之道。随着互联网的发展，这些机会将会消失。如果广告公司不创新发展，创造互联网时代的专业价值，只会被变革所抛弃。

跨国的笨拙与本土的相对从容

很多人有这样的感受，应对互联网的冲击，本土的广告公司比跨国广告公司更加从容。比如，以蓝色光标、广东省广等为代表的本土广告公司的数字化策略和布局，已经初见成效。

跨国广告公司过去的经验积累、成熟的模式、稳定的管理体系、人员的老化，在互联网转型过程中确实形成较大的阻力，在变化的过程中略显笨拙。比较而言，改革开放以来，本土广告公司从无到有，始终在变革中发展，对新的动态反应更敏感，变化已经植入本土广告公司的基因，对环境的适应能力较强。比如北京广告有限公司在对海尔的服务过程中，很快深入到企业的互联网化转型的过程中，成为企业的合作伙伴。涉及的服务已不再是单纯的广告甚至营销，据北京广告有限公司副总经理陶靖萍介绍，海尔在与北京广告的合作中，客户要求广告公司除了在传播环节进行创新之外，还希望代理公司能“积极参与到海尔产品研发阶段的用户交互创新，创业创客孵化等商业模式创新探索等方面的创新中”。[①] 广告代理公司的角色正逐渐转变为创新型解决方案的供应商，企业内部的组织管理、生产流程、数据建设、渠道重构，都是目前服务的内容。在这个过程中，广告人与企业在数字化时代共同成长，探索广告公司自身新的价值。

而且，跨国广告公司体量较大，全球复杂的管理体系使得决策和改变所需的程序太多，涉及的利益方太多，尾大难掉。而本土公司多为中小型公司，管理简单，调整迅速，船小好调头。

在互联网时代，企业的数字营销主要是内容生产和传播，在对快速变化的互联网文化的把握上，本土公司更接地气，反应更迅速，执行更快捷。在过去的营销推广中，宝洁极少使用本土广告公司，但是在数字营销领域，尤其是社会化传播，只能更多地使用本土的广告公司。比如，可口可乐除了全年的大的品牌活动，其他的广告服务都是本土的小公司来承担。

但是这种现象，也是阶段性的。随着跨国广告公司的调整，这些公司应

① 资料来源于项目组 2015 年 7 月对北京广告有限公司副总经理陶靖萍的专访。

该会迅猛地变化。对全球资讯的把握，学习能力的提升，资源加大力度的投入，在技术研发和应用方面的加速，对资本的运用，在数字营销方面的优势会很快体现出来。本土广告公司与跨国广告公司最终将站在同一起跑线上，相互激励，共同推进中国数字营销传播的进程。

传统媒体与互联网

传统媒体的衰落已经是一个不争的事实。报纸正在经历断崖式的下滑，电视广告收入的下降是大家关注的话题。但是，传统媒体就没有任何营销价值了吗？

当然不是。一方面，传统媒体即使滑坡，还是有一定规模的受众，在营销方面的价值是在下降，但只要有受众，就有企业的市场，就需要广告的沟通。由于中国人口规模基数大，区域的不平衡明显，所以，中国传统媒体衰落所持续的时间会比其他国家或地区持续的时间更长，因而，对广告公司而言，传统媒体仍然会带来不少的业务和收入。

那么，到底传统媒体和互联网是什么关系？过去4A为主的广告公司把互联网作为与传统媒体并列的一个渠道，而很多客户和数字营销传播公司又把传统媒体与互联网割裂开来，独立使用，各自为战。这些方法都是错误的。

对传统媒体的营销价值要从互联网的角度重新审视和挖掘。很多人只是站在传统媒体的角度想象互联网。要真正确定传统媒体的价值，必须真正理

家都没有利润，产品没有实质差异，而且还要挣扎求生”。

互联网技术的变革正在推动人类社会从工业社会进入到数字社会。在这个时代，广告行业原有的专业价值变革不是进行微创新，而是必须重构。

这个时代需要像奥格威这样卓越的洞察者创造新的专业价值，形成新时代的伟大的创造性谬误。只有创造性谬误，才有可能获得创造性垄断。根据彼得·蒂尔的观点，“创造性垄断就是新产品既让大众收益，又可以给创造者带来长期利润”。①

数字时代广告公司的新的专业价值，即使不是引领变化，也应该与变化同步，最终是推动广告行业实现整体性变革。

应该说，全球的广告业目前并没有完成这个任务。从所看到的海外和国内各个广告类公司所进行的数字化转型来看，或者是在原有的专业模式中兜圈子，或者是局部的改进和摸索，并没有系统化的整体构架的突破。

对目前的这种状况，宋秩铭感叹道：“我觉得做得太慢了，基本上方向还是正确的，但是我觉得太慢了。”

走向创意传播管理

加速变革，不断试错，推动系统化的整体突破，形成互联网时代广告的

① 《从0到1》，彼得·蒂尔著，北京：中信出版社，2015年1月。

专业价值。这是一个未完成的进程。

在课题的研究中，走访了很多家公司，进行了大量的访谈。这是一个交流和对话的过程，也是一个思考和提炼的过程。

创意传播管理理论是陈刚教授基于多年研究所形成的数字营销传播的理论体系。这个理论也是本次研究的基本方法论。但是，理论有其自身的局限性，理论有助于系统的梳理变化，帮助判断方向，但理论不是具体的操作模式。目前的变化逐渐证明，创意传播管理的框架总体来说是具有解释力的。

阶段性的转型终将过去，从大的方向来看，未来的核心价值，应该由三个部分组成：传播管理咨询，创意传播执行，营销技术服务。

传播管理咨询。根据创意传播管理的理论，传播正在变成企业日常性的管理工作。企业内部的组织正在进行调整，与传播相关的部门力量正在加强，一些企业开始设立首席传播官、首席数字官等，许多过去由广告公司承担的工作，开始由企业自己完成。而大数据等技术的发展又进一步推动传播管理的进程。目前很多广告公司把宝押在大数据方面，而从技术研发及应用的变化来看，将来大数据主导权主要在互联网平台和广告客户方面。目前一些大企业已经开始设立数据管理部。大数据越来越成为企业传播管理的工具，操作“傻瓜”化，而不是像很多人想象的那么高深莫测。

虽然传播管理是由客户自己主导，但是，这个过程中，诞生了许多新的需求，最明显的是数据的分析和洞察。虽然广告主自己可能有专业的数据处理人员，但是，还必须借助外脑更好地完成传播管理的工作。在访谈中，一些访谈对象谈到，洞察是数字时代广告人最重要的价值。确实如此，借助洞察力、策略思考的能力，广告公司能够成为广告主传播管理的咨询伙伴。

但是，需要注意的是，传播管理所需要的咨询，已不再是单纯的品牌、传播层面的洞察和策略。这里的传播实际上是在企业汇聚的海量信息分析的基础上，针对产品设计、生产、营销、渠道、销售、售后服务一体化的咨询服务，这些领域已经远远超出广告公司原有模式的服务范围。目前广告公司的经验积累和人才储备，要满足这一新的需求，还需要大的调整。

创意传播执行。客户需要的是广告公司解决营销传播问题的产品。在互联网时代，正在发生的变化是，广告客户不再需要广告了，也不再需要公关了，所需要的就是专业化生产的高质量、规模化的商业内容。对这种变化笔者概括为创意传播。

创意传播是广告公司在互联网变革中最重要的机会。实际上，也是目前许多广告公司转型的主攻方向。在互联网时代，广告主对广告等内容生产的需求形成了规模巨大的市场价值。如果广告公司能够抓住这样的机会，根据创意传播内容生产的特点进行业务流程和公司管理的变革，确实会形成前所未有的业务增长点。

数字生活空间企业创意传播的内容生产和发布，应该在传播管理的控制下进行。创意传播的内容生产，广告主也要进行日常的管理和执行，企业自制内容是不可缺少的，但是，广告公司创意传播执行的主导性还是很强的。在高质量、规模化、专业化、全天候的创意传播内容生产中，广告公司毫无疑问是主体。而在数字生活空间中，生活者自己会讨论企业、品牌或者产品，这里面有很多广告主可以利用的内容资源，但是必须进行优化和加工。在对生活者与品牌相关的内容挖掘和优化加工方面，广告公司也是有鲜明的优势。创意传播执行将会成为互联网时代广告公司收入的重要来源。

随着大数据应用的加速，DSP程序化购买技术的普及，广告主会越来越发现，内容需求出现重大空缺。在大数据的平台，广告主是在同每一个生活者个体进行全天候场景化的精准沟通交流，而不再是在传统大众传播时代，制作几只广告片，利用大众媒体广而告之。一对一的全天候场景化的精准沟通，需要大量快速生产的内容来支持。对广告公司来说，如果能够适应这个变化，所迎接的是一个前所未有的市场空间。

但是，要适应创意传播的内容生产模式，现有广告公司从观念到操作到技术都要进行变革。不能固守传统广告创意的理念，只从高大上的Big Idea角度思考问题，一定要习惯从沟通元（meme）入手。创意的执行操作不是一次或几次的任务，而是一个持续生产、快速发布、不断试错的内容生产过程。而且，创意传播离不开技术的支持。基于大数据的内容抓取分析，会迅速把握互联网文化的变化以及沟通元的方向；利用快捷内容制作的模板化程序化的工具，能够把沟通元迅速变成较为完整的内容形式；在程序化购买平台或者各种媒体发布之后，又可以通过大数据分析立即生成可视化图表了解创意传播的效果，在此基础上不断调整完善，持续进行创意传播。

营销技术服务。技术化是数字营销传播特有的属性。技术的创新是数字营销传播发展的动力和支持。营销技术服务是创意传播和传播管理的依托，但又具有相对独立性。

客观地说，目前数字营销传播技术还在变化的过程中，总体还不成熟。数字营销传播的核心技术也在不断地迭代，但是，这个方面的主导权基本上控制在大的互联网平台手中。无论是技术研发的环境、技术人员的储备，还是投入，广告类的第三方公司都不占上风。而与数字营销传播相关的中小型技术的研发，配合核心技术的应用和开发，将会是广告类第三方公司的主战场。这些技术的研发推广、技术应用指导、技术升级优化，在一个阶段内会具有很大的空间。

单纯的技术人员闭门造车，经常是没有方向的。在现阶段发展中，我们看到以杰尔鹏泰为代表的一些广告公司，已经形成创意与技术结合的机制，将创意通过技术研发变成产品，在竞争中逐渐形成自己的优势。而奥美等公司也陆续成立了专门偏重于技术的新公司。

配合快速内容加工制作的模板化、程序化创意的技术正在突飞猛进，而配合大数据 DMP（Data-Management Platform，数据管理平台）的内容管理平台构建的技术研发是技术发展的重大方向，如果能够有所突破，将使得创意传播迈上新的台阶。

对广告公司的未来发展而言，或者专注于某一个方向形成优势，或者是创意传播、传播管理、技术服务三位一体的数字化综合服务。无论如何，必须推动整体变革。而在这场变革中，应该尽快明确战略方向，这样才能提升变革的效率，少走弯路，加速创新发展。

中国 4A：创新扩散的平台

中国 4A 与国际 4A 有较大区别。有跨国广告公司，有本土广告公司，有创意制作公司、媒介服务公司、户外广告公司，有广告集团，也有独立经营的广告实体，有传统广告公司，也有数字营销传播公司等。正因为是这样，这个 4A 才是真正中国的，也正因为是这样，在这个动荡的时代，中国 4A 这个平台更具有活力应对和改变。

共时性发展是中国市场的重要特点。在一个时间段内同时存在着各类不同的市场，由于中国人口数量众多，这些不同的市场都是规模化的。而随着社会的发展，不同类型的规模化的市场又共同向前发展。针对不同的市场提供服务，都可以发展壮大，所以，中国存在着各个类型的优秀的广告公司。由于中国广告业资本化的过程还在继续，这些优秀的广告公司目前都是独立存在的实体。如果按照国际标准，中国 4A 只是一类公司汇聚，这种 4A 将不是中国的 4A，因为它不能体现中国广告业发展的丰富性。

不同类型的优秀公司，在中国 4A 这个平台交流互动，一定会产生取长补短的效应。项目组参与中国 4A 发展研究的访谈感受很深。中国 4A 不同公司的区域差异和类型差别确实很大。这些公司都看到了挑战，而且都在进行转型和探索。把不同公司的思路和发展探索汇集起来确实是很有启发性的。

中国 4A 到底因何而聚？是因为责任与荣誉。面对共同的挑战，不同的公司之间应该增强深度的交流，因为不同，所以会产生碰撞。在碰撞中，一定会迸发出激荡的活力。如何能够使得中国4A的弱关联变成强关联？这是在以后的活动中应该强化的。大敌当前，只有真正地整合资源才能降低创新的成本，有实力推动专业价值系统的整体构架的突破。

中国4A的责任，在过去辉煌的背景下，面对未来引领广告行业专业价值的创新。只有这样，中国4A才会延续历史的荣光，创造新的辉煌。互联网大潮，逆之者亡，顺之者昌。在这个时代，中国4A应该成为创造专业价值，树立发展标准的平台，成为新思想、新理念、新技术、新模式创新扩散的平台。如果不努力向前，不正视这场史无前例的变革，这个机会有可能会让给其他的承担者。

让我们期待。

致谢

特别鸣谢以下公司及个人参与蓝皮书访谈

专访

中国商务广告协会副会长兼秘书长刘立宾

中国 4A 终身顾问、原国家工商总局广告司司长刘保孚

中国 4A 终身顾问、奥美集团大中华区董事长宋秩铭

北京电通广告有限公司常务副总经理李西沙

北京广告有限公司董事长兼总经理胡纪平

奥美集团大中华区副董事长庄淑芬

奥美集团中国区首席执行官韦棠梦（Chris Reitermann）

奥美公关北京分公司董事总经理滕丽华

北京电通广告有限公司总经理长崎之保

电通安吉斯中国区董事长李桂芬

北京广告有限公司副总经理陶靖萍

北京广告有限公司财务主管李海滨

北京广告有限公司人力主管王蕾

麦肯·光明广告有限公司董事长莫康孙

广东省广告股份有限公司戴书华

广东省广告股份有限公司董事长陈钿隆

广东省广告股份有限公司总裁丁邦青

广东省广告股份有限公司北京中心人力资源负责人马静

智威汤逊–中乔广告有限公司亚太首席执行官唐锐涛（Tom Doctoroff）

智威汤逊–中乔广告有限公司北亚区首席创意官中国区总裁陈耀福

中视金桥国际传媒集团董事长兼首席执行官刘矜兰

原群邑中国区总裁（现任 WPP 中国区首席执行官）李倩玲

群邑中国首席策略官张喆翔

群邑中国媒介购买总裁安德鲁·卡特（Andrew Carter）

蓝色光标传播集团董事长兼首席执行长官赵文权

盛世长城国际广告有限公司北中国区首席创意官吴凡

广东平成广告有限公司董事长兼首席执行官吴晓波

阳狮广告有限公司中国区主席兼首席创意官郑以萍

上海梅高创意咨询有限公司董事长高峻

凯络中国首席执行官郑亚迪（Adil Zaim）

凯络上海董事总经理谢祥伟

凯络中国整合策划总监童冰

Isobar 全球首席执行官林友琴

think3group 智立方品牌营销传播集群董事长兼首席执行官杨石头

博达大桥国际广告传媒有限公司大中华区首席执行官 钟桥轩（Edward Bell）

北京世纪北广广告有限公司总经理任小青

灵思云途董事长谭明

互通国际传播集团董事长邓超明

玺桥国际传播机构副总裁罗立

大连国域无疆传媒集团有限公司企划中心总监张琦

华为中国地区部副总裁兼首席营销官杨柘

搜狐公司董事会主席兼首席执行官张朝阳

搜狐公司广告营销副总裁崔莉莉

搜狐公司市场营销副总裁曾怿

原奥美广告中国区总裁陶雷

广告门创始人、首席执行官劳博

中国广告网董事长毕玉强

座谈

北京电通广告有限公司媒介群总监金轶伦

北京电通广告有限公司资深客户群总监王越

北京电通广告有限公司资深客户群总监崔光

北京电通广告有限公司媒介群总监段玉娟

北京电通广告有限公司创意总监康毅鸿

北京电通广告有限公司资深客户群总监王宇波

北京电通广告有限公司媒介群总监西田真树

北京电通广告有限公司第三事业部副本部长屠剑峰

北京电通广告有限公司客户副总监张纯

北京电通广告有限公司客户副总监吴昊俣

奥美集团中国区首席企划长翟永康

上海奥美广告有限公司北京分公司客户群总监李东

上海奥美广告有限公司北京分公司策略总监刘彦廷

上海奥美广告有限公司北京分公司创意总监东东枪

上海奥美广告有限公司北京分公司副策略总监简沂蓁

上海奥美广告有限公司北京分公司事业总监马君泰

上海奥美广告有限公司广州分公司创意总监谢振峰

上海奥美广告有限公司广州分公司创意服务经理李淑娟

上海奥美广告有限公司广州分公司客户主任梁均霆

奥美公关北京分公司高级副总裁宋磊

奥美公关北京分公司企业传播经理石可琰

北京奥美互动咨询有限公司资深业务总监谷泉

北京奥美互动咨询有限公司客户执行侯晓菲

上海奥美广告有限公司数码策略执行陈小悦

奥美世纪（北京）广告有限公司客户经理常欢

奥美 K1ND 创新企划合伙人魏大民

北京加信奥美广告有限公司行政专员胡腾飞

北京广告有限公司常务副总经理兼执行创意总监许庭英

北京广告有限公司策划张媛媛

北京广告有限公司流程经理王璐

阳狮广告有限公司上海兼广州首席执行官杨正华

阳狮广告有限公司资深数字策划劳逸灵

阳狮广告有限公司客户总监李倞

阳狮广告有限公司中国区执行经理屠秋莎

广东省广告股份有限公司大众传媒中心副总经理梁国华

广东省广告股份有限公司大众传媒中心媒介策划总监刘典

广东省广告股份有限公司综合管理办公室行政主管严紫瑶

睿狮广告传播董事长兼首席执行长伦洁莹

睿狮广告传播业务总监梁励文

睿狮广告传播客户副总监赵玉清

中视金桥国际传媒集团首席运营官乐途旅游网董事长刘旭明

竞立媒体北京董事总经理焦阳

竞立媒体企划业务总监梁偎

群邑中国企划黄平

实力传播中国区首席执行官林秀萍

突破传播上海副总经理王琛豪

北京迪思公关顾问有限公司副总裁唐风

扬罗必凯（北京）广告有限公司副总经理王欣

think3group 智立方品牌营销传播集群首席运营官 & 执行创意总监郑志平

正邦创意（北京）品牌科技股份有限公司董事长陈丹

麦肯·光明广告有限公司上海分公司数码策略林力雯

思美传媒股份有限公司董事长朱明虬

北京缘之盟广告有限公司客户经理杨飘

北京缘之盟广告有限公司资深美指黄臣

分众传媒（中国）控股有限公司首席战略官陈岩

分众传媒（中国）控股有限公司 4A 中心客户总监周颖

引力传媒集团市场总监侯明廷

吉广传媒集团创始人、投资人王启民

吉广传媒集团工会主席、董事长助理陈思权

吉广传媒集团高级文案夏永平

吉广传媒集团策划潘迪

伟视捷中国策划茅君娅

北京黄橙广告有限公司集团总经理孙涛

北京黄橙广告有限公司集团策略总监郭岩

北京黄橙广告有限公司数字营销总监田宵

北京天下美传广告有限公司文案李佳霖

上海同盟广告有限公司事业发展总监韩从越

上海龙韵广告传播股份有限公司国际客户服务部经理达选利

上海龙韵广告传播股份有限公司客户资深总监韩桂璞

广州达彼思（达华）广告有限公司上海分公司策略经理夏爽

广州火之鸟广告有限公司创意总监刘弋

广州火之鸟广告有限公司策划文案吕海玲

贵州天马传媒有限公司创意总监郭杨

浙江和盛传媒有限公司策略中心总监谭静

感谢中国 4A 第十届理事会及秘书处的支持